★ 全国幼儿教师培训用书

梦山书系

幼儿园新教师入职指导手册

王 哼◎主编

海峡出版发行集团 | 福建教育出版社

图书在版编目（CIP）数据

幼儿园新教师入职指导手册/王哼主编. —福州：福建教育出版社，2024.3

ISBN 978-7-5334-9883-2

Ⅰ.①幼… Ⅱ.①王… Ⅲ.①幼教人员－师资培养－教学参考资料 Ⅳ.①G615

中国国家版本馆CIP数据核字（2024）第009541号

You'eryuan Xinjiaoshi Ruzhi Zhidao Shouce
幼儿园新教师入职指导手册
王哼 主编

出版发行 福建教育出版社
（福州市梦山路27号 邮编：350025 网址：www.fep.com.cn）
编辑部电话：010-62027445
发行部电话：010-62024258 0591-87115073）

出版人	江金辉
印 刷	福州万达印刷有限公司
	（福州市闽侯县荆溪镇徐家村166-1号厂房第三层 邮编：350101）
开 本	710毫米×1000毫米 1/16
印 张	12.25
字 数	163千字
插 页	1
版 次	2024年3月第1版 2024年3月第1次印刷
书 号	ISBN 978-7-5334-9883-2
定 价	42.00元

如发现本书印装质量问题，请向本社出版科（电话：0591-83726019）调换。

目录

具备幼儿园教师专业素质 ·········· 001

    一、师德为先 / 001

    二、幼儿为本 / 003

    三、能力为重 / 004

    四、终身学习 / 006

遵守幼儿园教师礼仪规范 ·········· 007

    一、仪容仪表 / 007

    二、体态 / 007

    三、日常办公 / 008

    四、课堂教学 / 008

    五、家园沟通 / 009

    六、同事相处 / 009

熟知3—6岁幼儿年龄特点 ·········· 011

    一、小班幼儿年龄特点 / 011

    二、中班幼儿年龄特点 / 013

    三、大班幼儿年龄特点 / 014

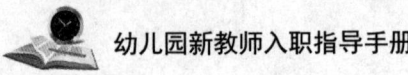

知道幼儿园班级管理内容 …………………………………… 016

  一、班级幼儿生活管理 / 016

  二、班级幼儿教育管理 / 017

  三、班级幼儿物品管理 / 019

规范管理幼儿园一日常规 ………………………………… 020

  一、入园环节 / 020

  二、早操环节 / 023

  三、进餐环节 / 025

  四、盥洗环节 / 028

  五、饮水环节 / 031

  六、如厕环节 / 033

  七、午睡环节 / 036

  八、区域活动环节 / 038

  九、集体教学环节 / 041

  十、户外体育环节 / 044

  十一、离园环节 / 047

轻松撰写幼儿园各类文案 ………………………………… 051

  一、制订班级工作计划 / 051

  二、设计活动教案 / 061

  三、撰写观察记录 / 066

  四、撰写教育随笔 / 070

精心创设幼儿园教育环境 …… 074

  一、幼儿园精神教育环境的营造 / 074

  二、幼儿园物质教育环境的创设原则 / 075

  三、幼儿园物质教育环境的装饰技法 / 076

  四、幼儿园物质教育环境的创设要点 / 077

灵活开展幼儿园集体教学 …… 083

  一、集体教学活动的组织形式 / 083

  二、集体教学活动实施的时间 / 109

  三、集体教学活动的方法 / 110

  四、注重集体教学活动中的师幼互动 / 111

有效指导幼儿游戏活动 …… 113

  一、幼儿游戏的作用 / 113

  二、幼儿游戏的分类 / 114

  三、幼儿园教师在游戏中的角色定位 / 119

  四、幼儿游戏的组织技巧 / 120

  五、幼儿游戏的指导策略 / 122

做好家庭教育指导工作 …… 126

  一、知道家庭教育的重要性 / 126

  二、分析家庭教育中存在的问题 / 129

  三、指导家长具备科学的教育理念 / 130

  四、掌握家庭教育的指导要点 / 133

  五、掌握指导家庭教育的途径 / 136

预防应对幼儿园常见疾病 …… 145

一、水痘 / 145

二、麻疹 / 146

三、手足口病 / 147

四、流行性腮腺炎 / 148

五、上呼吸道感染 / 148

六、急性扁桃体炎 / 149

七、急性中耳炎 / 150

八、腹泻 / 151

灵活处理幼儿园意外伤害 …… 152

一、摔伤 / 152

二、烫伤 / 153

三、呛食 / 153

四、异物入耳、鼻、眼 / 154

五、触电 / 155

六、食物中毒 / 155

七、流鼻血 / 156

八、溺水 / 157

九、走失 / 158

附录一 幼儿园教师专业标准（试行） …… 159
附录二 幼儿园教育指导纲要（试行） …… 166
附录三 幼儿园保育教育质量评估指南 …… 177

具备幼儿园教师专业素质

一、师德为先

教师是人类灵魂的工程师，是人类文明的传承者。教师的职业决定了教师必须拥有更高的素质，而师德则是教师职业的灵魂。师德不仅是爱岗敬业的职业精神，是以身立教的形象之本，更是一切教育教学活动开展的灵魂与前提。"为师之道，端品为先。学高为师，身正为范"，陶行知先生用简洁凝练的十六个字告诉我们为人为师应该具有的底色。孔子曾说："德之不修，学之不讲，闻义不能徙，不善不能改，是吾忧也。"尊崇高尚的师德师风，是中华民族的优良传统。提高自身的师德素养，是新时期教师的首要任务。

幼儿园教师担负着促进幼儿健康、增进幼儿智慧、健全幼儿人格的任务，是社会文明进步的重要传承者、促进者。《幼儿园教师专业标准（试行）》（以下简称《专业标准》）指出："热爱学前教育事业，具有职业理想，践行社会主义核心价值体系，履行教师职业道德规范，依法执教。关爱幼儿，尊重幼儿人格，富有爱心、责任心、耐心和细心；为人师表，教书育人，自尊自律，做幼儿健康成长的启蒙者和引路人。"幼儿园教师必须提高师德素养，树立爱岗敬业、为人师表的良好教师形象，关爱幼儿，尊重幼儿人格，富有爱心、责任心、耐心和细心，自尊自律，努力成为有理想信念、有道德情操、有扎实学识、有仁爱之心的好老师，做幼儿健康成长的启蒙者和引

 幼儿园新教师入职指导手册

路人。

为进一步增强幼儿园教师的责任感、使命感、荣誉感，规范职业行为，明确师德底线，2018年教育部印发了《新时代幼儿园教师职业行为十项准则》（以下简称《准则》）。《准则》的颁发，对于提升新时代幼儿园教师的职业水准和学前教育质量具有重要意义。幼儿园教师应将职业准则的要求融入工作中，尊重幼儿，热爱幼儿，公平对待幼儿。要结合幼儿的身心发展特点和兴趣，注重细节的落实，为幼儿创设良好的环境，有目的、有计划地实施保育与教育，以促进幼儿的全面发展。要对工作高度负责，勇于探索创新，不断提高自身的专业素养和教育水平。教师要做到思想行动一致，积极践行身教重于言教，以自己崇高的情操和良好的思想道德风范去感染幼儿和教育幼儿，为幼儿树立良好的榜样，给予他们正面、积极的教育，使幼儿从小身心都得到健康的发展。

【学习材料】

《新时代幼儿园教师职业行为十项准则》

一、坚定政治方向。坚持以习近平新时代中国特色社会主义思想为指导，拥护中国共产党的领导，贯彻党的教育方针；不得在保教活动中及其他场合有损害党中央权威和违背党的路线方针政策的言行。

二、自觉爱国守法。忠于祖国，忠于人民，恪守宪法原则，遵守法律法规，依法履行教师职责；不得损害国家利益、社会公共利益，或违背社会公序良俗。

三、传播优秀文化。带头践行社会主义核心价值观，弘扬真善美，传递正能量；不得通过保教活动、论坛、讲座、信息网络及其他渠道发表、转发错误观点，或编造散布虚假信息、不良信息。

四、潜心培幼育人。落实立德树人根本任务，爱岗敬业，细致耐心；不得在工作期间玩忽职守、消极怠工，或空岗、未经批准找人替班，不得利用职务之便兼职兼薪。

具备幼儿园教师专业素质

五、加强安全防范。增强安全意识，加强安全教育，保护幼儿安全，防范事故风险；不得在保教活动中遇突发事件、面临危险时，不顾幼儿安危，擅离职守，自行逃离。

六、关心爱护幼儿。呵护幼儿健康，保障快乐成长；不得体罚和变相体罚幼儿，不得歧视、侮辱幼儿，严禁猥亵、虐待、伤害幼儿。

七、遵循幼教规律。循序渐进，寓教于乐；不得采用学校教育方式提前教授小学内容，不得组织有碍幼儿身心健康的活动。

八、秉持公平诚信。坚持原则，处事公道，光明磊落，为人正直；不得在入园招生、绩效考核、岗位聘用、职称评聘、评优评奖等工作中徇私舞弊、弄虚作假。

九、坚守廉洁自律。严于律己，清廉从教；不得索要、收受幼儿家长财物或参加由家长付费的宴请、旅游、娱乐休闲等活动，不得推销幼儿读物、社会保险或利用家长资源谋取私利。

十、规范保教行为。尊重幼儿权益，抵制不良风气；不得组织幼儿参加以营利为目的的表演、竞赛等活动，或泄露幼儿与家长的信息。

师德是教师和一切教育工作者在从事教育活动中必须遵守的道德规范和行为准则，也是与之相适应的道德观念、情操和品质。新时代的幼儿园教师应在实践中践行"身正为范"，不断从典型案例中吸取教训，依法执教，恪守师德底线，切实增强遵守《准则》的思想自觉和行动自觉，不断涵养高尚师德，增强幼儿园教师的责任感和使命感，时刻自重、自省、自警、自励，做以德立身、以德立学、以德施教的好老师。

二、幼儿为本

《专业标准》指出："尊重幼儿权益，以幼儿为主体，充分调动和发挥幼儿的主动性；遵循幼儿身心发展特点和保教活动规律，提供适

合的教育，保障幼儿快乐健康成长。"《幼儿园教育指导纲要（试行）》（以下简称《纲要》）也指出："幼儿园教育应尊重幼儿的人格和权利，尊重幼儿身心发展的规律和学习特点，以游戏为基本活动，保教并重，关注个别差异，促进每个幼儿富有个性的发展。"

幼儿从一出生就拥有人格尊严，教师要将幼儿作为具有独立人格的人来对待，尊重他们的思想感情、兴趣、爱好、要求和愿望等。幼儿是学习的主体，只有幼儿积极参与、主动建构，幼儿园课程才能被内化为幼儿的学习经验，促进幼儿的身心发展。幼儿园教师应从幼儿发展的决策者转变为支持者、陪伴者，这种角色转变需要教师给予幼儿更多自主性，使幼儿在幼儿园一日生活中拥有更多选择权和自主权。

《3—6岁儿童学习与发展指南》（以下简称《指南》）以为幼儿后继学习和终身发展奠定良好素质基础为目标，以促进幼儿体、智、德、美各方面的协调发展为核心，通过提出3—6岁各年龄段儿童学习与发展目标和相应的教育建议，帮助幼儿园教师了解3—6岁幼儿学习与发展的基本规律和特点，建立对幼儿发展的合理期望，实施科学的保育和教育，让幼儿度过快乐而有意义的童年。

幼儿园在组织开展保教活动时，要学习《纲要》《指南》的文件要求，以幼儿为本，了解幼儿的天性和需要，以准确把握幼儿发展的特点和现状为基础，充分考虑幼儿的兴趣，尊重幼儿的学习特点、学习兴趣、学习背景、学习意愿等，为幼儿提供主动学习的机会，成为幼儿发展的引导者，把活动的主体地位让给幼儿，让幼儿真正成为活动的主人，真正促进幼儿的发展。

三、能力为重

《专业标准》指出："把学前教育理论与保教实践相结合，突出保教实践能力；研究幼儿，遵循幼儿成长规律，提升保教工作专业化水平；坚持实践、反思、再实践、再反思，不断提高专业能力。"专业能力是幼儿园教师专业化发展在教育实践中的集中体现，是保障其完

具备幼儿园教师专业素质

成职业要求和工作职责的必要条件，直接影响着幼儿园的教育质量和幼儿的健康快乐发展。

幼儿园教师在进行教育教学工作中，不仅需要有观察和了解幼儿的能力、组织教学活动与游戏活动的能力、教育环境的创设与利用的能力、良好的沟通与合作能力，还需具备反思能力。

每个幼儿都具有独特性，了解幼儿是幼儿园教师进行教育教学的前提条件。没有观察了解幼儿的能力，或者没有了解幼儿的要求，就会使教育教学工作陷入盲目的境地。

如果观察了解幼儿的能力是前提条件，那么组织教学活动与游戏活动的能力就是对幼儿园教师的基础要求，是做好教育教学的保证。幼儿园教师的组织能力是在学习和工作中有意识地锻炼而逐步提高的，应事先充分考虑和计划各项工作，细致做好准备工作，使各项工作安排细致、步骤明确、有条不紊。

由于幼儿学习方式的特殊性，幼儿的学习是一个积极主动的过程，幼儿在与环境的相互作用中学习和获得发展，因此教育环境的创设与利用至关重要。

而良好的沟通与合作能力，包含与幼儿、同事、家长和社区进行沟通和合作。《专业标准》为此向幼儿园教师提出了五项基本要求："一是能使用符合幼儿年龄特点的语言进行保教工作；二是善于倾听，和蔼可亲，能与幼儿进行有效的沟通；三是能与同事合作交流，分享经验和资源，共同发展；四是能与家长进行有效的沟通合作，共同促进幼儿发展；五是能协助幼儿园与社区建立合作互助的良好关系。"

提高幼儿园教师的反思能力，一是要学会反思，提高反思能力；二是要开展实践研究，提高研究和改进实践的能力。幼儿园教师需要不断地反思和改进教育实践，不断地实现自我发展和完善，在研究自身经验和改进教育行为的过程中实现专业发展。

四、终身学习

学习一时,受益一时;学习一世,则受益终身。经常不断地学习,会让自己变得知识面广博、视野开阔,知道的越多就越有力量。

教师不仅要传道、授业、解惑,还要终身学习。终身学习是时代发展的要求,也是教师职业特点所决定的。教师必须树立终身学习的理念,拓宽知识视野,更新知识结构,潜心钻研业务,勇于探索、创新,不断提高自身专业素养和教育教学水平。

《专业标准》指出:"学习先进学前教育理论,了解国内外学前教育改革与发展的经验和做法;优化知识结构,提高文化素养;具有终身学习与持续发展的意识和能力,做终身学习的典范。"热爱学习、对学习有积极的态度是实现终身学习的重要的个人条件,幼儿园教师要具备终身学习的意识和能力,才能在变化的社会中应对教育对其提出的各种新挑战。

遵守幼儿园教师礼仪规范

教师礼仪是教师在工作岗位上待人接物、为人处世的行为规范，良好的礼仪规范能表现出教师应有的气质、专业，从而获得幼儿、家长的喜爱，以及管理者的认可。

一、仪容仪表

（一）素颜或化淡妆。上班期间可以不化妆，或者是简单地涂唇彩。

（二）头发要适宜，前不挡眼后不披肩，过肩长发应束起或盘起，发型不夸张。

（三）面带微笑，精神饱满，不把个人的情绪带进工作。

（四）眼神亲切、有神，转动幅度适宜，合理分配目光，让每个幼儿都能感受到教师的关注。

（五）不喷香水，不戴饰品。尤其不要戴挂有长坠的项链、耳环，以免不慎划伤幼儿的皮肤。

（六）衣着活泼大方，舒适得体，便于做伸展、下蹲等动作。

二、体态

（一）站姿端正，自然挺拔，挺胸收腹，头微上仰，两手自然下垂。早上接待幼儿时，保持这样的站姿，面带微笑迎接幼儿的到来。

（二）走姿稳健，挺胸收腹，双肩放平，两臂自然摆动。

（三）手势自然，动作缓慢，力度适中，左右摆动幅度不宜过宽。带班时不双手交叉抱臂或双手后背，与家长等交谈时体态语言幅度不要夸张。

（四）交谈姿态以站姿为主，自然亲切。面对幼儿时，可采取坐、蹲的姿势，尽量与交谈的幼儿保持相同的高度。

三、日常办公

（一）按时上下班，有事（病）请假，带班不离岗，不因私随意换班。

（二）对待工作，要积极完成，忌消极怠工、拖拉推诿、等靠依赖、胡乱应付等。

（三）准时到会，专心聆听，认真做笔记，真诚交流，手机静音，适时鼓掌。

（四）使用物品时，轻拿轻放。

（五）节约水电，忌损坏浪费。

（六）自觉保持环境卫生，不乱扔垃圾，不随便张贴等。

（七）文明用餐，离开时主动清理桌面，座椅归位。

四、课堂教学

（一）真诚地叫每个幼儿的名字，不喊幼儿的绰号。

（二）语言要有吸引力，语调上要注意舒缓有致，语气上要注意柔和。

（三）利用眼神与幼儿进行交流，激发幼儿的兴趣。

（四）对幼儿的回答要给予及时的回应，要鼓励和肯定幼儿的积极表现。

（五）尊重幼儿，不损伤幼儿的自尊心。

（六）与幼儿平等交流，以商量的口吻和讨论的方式指导幼儿的活动，支持幼儿的探索。

遵守幼儿园教师礼仪规范

（七）指示幼儿行动时，用语言加手势提示，或牵着幼儿的手进行引领指示。

五、家园沟通

（一）热情接待来园的幼儿家长。有家长来访时，教师要立即起身，问明来意。

（二）谈话时要控制音量并保持距离，认真倾听家长的叙述，营造宽松的氛围，要以平等的身份与家长交谈。

（三）对幼儿的评价要客观、全面，既肯定幼儿的优点与进步，也要真诚地提出不足之处，适时提出建议，询问对方的意见。不要仓促地做决定，也不要催促对方做决定。

（四）家访之前，提前与家长预约，家访时间不宜过长。

（五）家访时如遇有新客来访，家长做介绍时，教师应起立向来客问候。

（六）找个别家长谈话时，要态度平和，讲究艺术。

（七）家长反映问题时，教师应态度冷静，认真倾听，让家长把话说完。

（八）家长之间发生冲突时，要稳定家长情绪。可分别与家长谈话，化解矛盾。

（九）幼儿在园发生事故时，要第一时间通知家长，如实说清，表示歉意，及时采取应对措施。

六、同事相处

（一）行为举止端庄大方，礼貌周到，谦和热情。

（二）尊重为先，亲密有度。各司其责，协作配合，顾全大局，不计私利。

（三）工作进取，虚心学习，对自己和他人有客观正确的评价。

（四）同事之间有意见时，应正面沟通，不私下议论、传话、搬

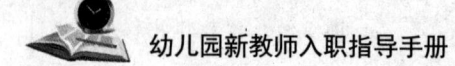

弄是非。

（五）乐于助人，对有困难的同事伸出援助之手。

（六）负责同一班级的同事之间要达成共识，不推卸责任，按时保质完成工作。

熟知3-6岁幼儿年龄特点

熟知3-6岁幼儿年龄特点

一、小班幼儿年龄特点

(一)爱模仿

小班幼儿的模仿性很强,娃娃家游戏是他们进行模仿游戏的最佳场所。在娃娃家游戏中,他们会模仿成人在日常生活中的行为,或者模仿老师说话的声调、坐姿。

模仿也是小班幼儿主要的学习方式,他们通过模仿来学习他人的经验。由于小班幼儿爱模仿,所以这个年龄是形成良好行为习惯的重要阶段。

(二)行为易受情绪支配

小班幼儿的行为受情绪支配比较明显,容易冲动,常会为了一件小事大哭大闹。小班幼儿依恋父母和老师,尤其需要得到关系亲近的成人的拥抱、拍拍、摸摸等肌肤接触的爱抚动作。

小班幼儿的情绪还容易受到周围人的感染。刚开始进入幼儿园时,如果有一个小朋友哭起来,其他小朋友也会跟着哭起来。有时看见别人笑,他们也会莫明其妙地跟着笑起来。

(三)认知依靠行动

小班幼儿的认知活动往往依靠动作和行动进行。他们的认知特点是先做再想,而不是想好了再做。如果一个3岁的孩子拿到一支笔,

他不会去想自己要画什么,而是看到自己的笔下出现了一个大圆圈后,就会说"我画的鸡蛋"。

小班幼儿在听别人说话或自己说话时,往往离不开具体动作。如听到故事中说"小鸟飞呀飞",他就会展开双手做飞行的动作。

小班幼儿的认知活动基本上是在行动过程中进行的,无意注意占优势,容易受到外部事物及自己情绪的影响。由于有意注意水平低下,他们的专注力不够稳定,观察的目的性较差,缺乏顺序性和细致性,不会有意识地识记某些事物,只有那些形象鲜明、具体生动、能引起强烈情绪的事物才容易被其记住。

(四)开始认同、接纳同伴与老师

小班幼儿入园后,社会交往范围有了很大的拓展,从家庭成员扩大到同伴与老师。他们会经常主动地拉拉老师的衣服,用动作引起老师的注意,表达对老师的亲近和与老师交往的意愿。他们开始认同、接纳同伴,但并不太在意同伴间的协作,往往只是各玩各的。只有在宽松的户外活动时,小班幼儿才会与同伴一起追逐、奔跑、喊叫。但到小班下学期,幼儿与同伴共同协作的意识加强,逐步开始与同伴分享玩具。

(五)自我概念开始发展

小班幼儿喜欢与人交往,尤其喜欢与同伴一起活动,在与同伴或成人的交往中开始发展自我概念,如清楚知道自己的名字、性别,能表达自己喜欢干什么,能分清什么是"我的"、什么是"你的",等等。但在与人交往中,小班幼儿带有明显的自我中心倾向,不能很好地控制自己的行为,会有"抓人""咬人"等情况出现。

(六)能用简单的语言表达自己的感受与需要

小班幼儿正在经历语言发展的飞跃期。在词汇方面,小班幼儿已逐渐能够理解并运用一些常用的词,这些词汇以表示周围常见物体的名词和各种活动的动词为主,也能掌握一些易于理解的、能直接感知的、说明物体具体特点的形容词。这是由这个年龄段幼儿思维的直觉行动性特点决定的。因为名词是代表具体东西的，动词是与具体动作相联系的，所以幼儿易于理解和掌握。

在句子方面，3岁左右的幼儿能够说出包含词组规则的语言单位，能表达一个相对完整的句子，并逐渐从不完整句过渡到完整句。幼儿开始产生词序策略，能够套用词序理解句子意义，从句子结构中理解词汇的含义，有时也能用简短的语句表达自己的请求和愿望。

二、中班幼儿年龄特点

（一）活泼好动

活泼好动是幼儿的天性，这一特点在中班幼儿身上表现得尤为突出。中班幼儿明显比小班幼儿能动、能说、能跑。中班幼儿喜欢摸摸这儿、看看那儿，动作灵活，思维活跃，活动的积极性很高，时刻处于活跃状态，不知疲倦。

（二）动作的协调性增强

中班幼儿不但可以自如地走、跑、跳、蹦、钻、爬、攀登等，还可以单足站立、抛接球、投掷等。中班幼儿的耐力也在逐步增强，可以坚持徒步一定的距离，运动速度、动作灵活性、动作准确度发展较好。此外，中班幼儿的手指也更加灵巧，可以熟练地穿脱衣服、扣纽扣、拉拉链、系鞋带，甚至可以较好地完成折纸、串珠、拼插、剪贴等精细动作，动作的协调性有较大提升。

（三）开始遵守规则

中班幼儿已经能够在日常生活中遵守一定的行为规范和生活规则。如不在室内大喊大叫、不在室内追跑、人多时排队、不乱扔东西等，并能遵守进餐、盥洗和午睡时的生活规则。在进行集体活动时，能初步遵守集体活动规则，如认真听别人讲话、不随便插嘴、先举手再发言等。

在游戏中，中班幼儿已能理解一些游戏规则。尤其是与他人合作游戏时，能初步遵守游戏规则，游戏水平不断提高。

（四）情绪情感趋向稳定

由于认知能力的提高和情绪体验的积累，中班幼儿的情绪情感得到进一步发展，相对于小班幼儿趋于稳定。他们开始尝试控制自己的情绪，虽然仍会表现出不稳定、不易控制的情况，但在通常情况下，都能有效地控制自己的情绪情感。如在游戏中，当看到自己喜爱的玩具被别的小朋友拿走时，已经不像小班幼儿那样吵着要玩，他们能听从教师的要求和建议。

三、大班幼儿年龄特点

（一）好学好问

幼儿的好奇心很强，差不多五岁以后就不再满足于了解表面现象，而是想要知道事物的原因，想要知道为什么，有着强烈的求知欲和认识事物的兴趣。大班幼儿的认知水平有了很大提高，开始喜欢智力活动。在一些智力游戏中，可以很好地锻炼幼儿的坚持性，比如下棋时能够坚持到底，且积极学习下棋的技巧。

（二）自理能力和合作意识提高

大班幼儿在生活自理方面较以前更加独立了，他们能选择喜欢的、适合自己的衣服，能用筷子吃饭，也能不影响别人安静地入睡。大班幼儿已经能将劳动与游戏分开，对劳动持认真态度，关心劳动结果，也能初步理解一些劳动的社会意义。他们也乐意参与劳动活动，比如扫地、擦桌子、整理自己的用品，在劳动中表现出一定的责任感。而在游戏中，大班幼儿开始有了合作意识，他们会选择自己喜欢的玩伴，也能与多个小朋友一起开展合作性游戏。

（三）抽象能力开始萌芽

大班幼儿的思维仍然是具体形象的，但是初步的抽象逻辑思维也开始萌芽。幼儿的数学概念发展较快，对事物之间的因果关系、包容关系、类别关系等的认识、分辨开始形成，能够对事物进行分类，能对事物的关系做出判断，并且能够正确地排出顺序，有了初步的顺序概念。

（四）个性初具雏形

大班幼儿开始对事物持有自己比较稳定的态度，看问题也开始有自己的见解，具有一定的独立性。他们开始对自己的行为进行思考，开始形成自己的个性。但是在此阶段，幼儿的个性仍处于初步形成时期，可塑性非常大，环境和教育都会对幼儿的个性发展产生极大的影响。

知道幼儿园班级管理内容

幼儿园班级是指在幼儿园中按照一定的目标、任务和构成原则（年龄、发展水平和人数等）组建起来的幼儿集合体。班级是幼儿园的基层组织，是幼儿园实施保教任务的基本单位。幼儿园班级是幼儿园组织、安排教育活动和生活活动的重要场所与基本单位，整个幼儿园的工作都是通过各个班级的工作来实现的。幼儿园班级管理的内容通常包含以下几个方面。

一、班级幼儿生活管理

幼儿园班级生活管理是为了保证幼儿的身体正常发育、心理健康成长，保教人员围绕幼儿在园内的起居、饮食等生活方面的需要而进行的管理工作。

（一）学期初的工作

1.填写班级幼儿名册，填写幼儿家庭情况登记表，明确家园联系方法。

2.家访并调查幼儿家庭教养情况，初步了解幼儿生活习惯，做好记录。

3.安排幼儿个人使用的床、毛巾架、水杯，写上幼儿姓名并做好标记便于幼儿识别。

4.初步布置活动室环境，安排室内桌椅、活动设施等。

知道幼儿园班级管理内容

5. 观察幼儿一日生活的言行举止，并记录分析。

6. 依据幼儿一日生活表现的观察分析与家访调查，制订班级幼儿生活管理的计划和措施。

(二) 学期日常工作

1. 每日班级保教人员根据幼儿一日生活程序履行生活管理的职责。

2. 每日做好幼儿上午来园、下午离园的交接记录。

3. 每日保管好幼儿生活用品。

4. 每日做好班内外幼儿活动场地的清洁工作和各项设备的安全检查。

5. 每周对活动场地和玩具进行消毒，更换生活用品。

6. 每周检查班级幼儿生活管理计划的实施情况。

7. 每周初，班级教师讨论、总结上周经验，调整本周幼儿生活管理的工作内容与措施，分工负责。

8. 观察幼儿生活行为，记录幼儿表现。

9. 对幼儿计划免疫、疾病、传染病情况进行登记。

10. 做好体弱幼儿的生活护理。

(三) 学期末的工作

1. 汇总平日对幼儿生活表现的记录，做好对幼儿生活情况的小结。

2. 总结班级幼儿生活管理工作，分析成果与问题。

3. 向家长汇报幼儿生活情况小结，指导家长对幼儿假期生活进行管理。

4. 整理室内外环境，对集体用品、材料进行清点登记。

二、班级幼儿教育管理

幼儿园班级教育管理对明确幼儿教育目标、优化幼儿教育方法、提高幼儿教育效果起着非常重要的作用，它保证了教育方法的科学化，也保证了教育过程的有效性。

（一）开学初教育管理工作

1.结合家访和对幼儿进行的观察，完成对班级幼儿发展水平的初步评估，并做好分析记录。

2.根据幼儿情况及班级条件，制订详细的幼儿教育计划。

3.根据教育教学计划，征集或领取幼儿的绘画工具、手工材料、卡片、游戏工具等。预先设计好幼儿作品的存放处和幼儿教育档案，布置好班级教育教学的小环境。

4.班级保教人员共同制订各项教育活动的组织形式及基本常规，建立班级教育活动的运转机制。

（二）学期日常教育管理工作

1.每日事务：检查教育教学计划，了解当日活动内容，准备好当日班级教育活动所需的材料，掌握好材料的分配情况。

2.每周工作：提前两周，根据年级教研组备课计划，制订周教育进度与各活动安排，制定班级每日教育教学活动方案。根据教育教学活动方案，做好一周教具、学具材料的搜集与制作工作。每周末整理幼儿的学习用品，做好归类归档工作。将幼儿一周的学习表现记录在册，写教育笔记。

3.每月工作：月初制订好月教育目标、月教育教学活动进度。召开班级教师会议，研究班级教育工作的具体内容和措施，协调分工与配合。做好个别儿童教育的计划与修订措施。根据教育内容适当调整活动室安排，更新教育环境布置。月末整理各种教育材料与资料。

（三）学期末工作

1.整理教育活动方案、教育笔记和幼儿作品档案。

2.做好幼儿全学期的评估工作，完成对幼儿发展情况及表现的小结。

知道幼儿园班级管理内容

3.完成教师自身的评估，总结个人教育目标的实现、教育方法的运用情况。

4.清点教育教学活动材料并登记归档。

三、班级幼儿物品管理

（一）在学期初和学期末，对班级物品进行登记，建立班级物品登记表。准备班级物品变损清单，随时记录、更新班级物品在日常教育活动中的使用及损坏情况，以便及时修理与补充，更好地服务教育教学活动。

（二）物品分类放置，摆放整齐，保持物品的清洁、卫生。班级内的物品种类繁多，小型物品不应混杂放置，而应将不同种类的物品进行分类。对于使用频率较高的玩具和区域活动材料，要制定一定的使用规则和管理办法。装物品的容器可以用不同的颜色加以区分，也可以在容器外面贴上醒目的标签以便于寻找。另外，物品分类之后，摆放要整齐且位置固定。每次用完物品之后要及时放回原处，以便幼儿下次使用。

（三）班级物品摆放的位置和高度要适宜，便于幼儿取放。物品摆放位置的总体原则是便于幼儿开展活动，最大限度地把空间留给幼儿。为此，幼儿常用的一些玩教具材料，如水彩笔、手工纸、橡皮泥、图书绘本等物品的摆放，要照顾幼儿的身高，便于幼儿根据活动需要自主取放。

幼儿园班级管理除了着重进行幼儿生活和教育管理外，还有许多与之相关的其他管理，如家长工作管理、社区活动管理等，这些管理工作也是幼儿园班级管理的重要组成部分。

规范管理幼儿园一日常规

一、入园环节

（一）幼儿常规要求

1. 小班幼儿

（1）高兴入园，向老师问好。

（2）衣着整洁，携带手帕，能高兴地接受晨检。

（3）在老师的指导下，将脱下的外衣和鞋帽放在固定的地方。

（4）学习搬小椅子，轻拿轻放小椅子。

2. 中班幼儿

（1）衣着整洁，愉快入园，主动向老师问好，接受晨检。

（2）能够带齐所需的生活用品和学习用品，懂得不带危险物品来园。

（3）将帽子、外套整齐叠放在固定地方。

（4）能够在老师的帮助下做值日。

3. 大班幼儿

（1）有礼貌地和老师、同伴打招呼。

（2）会告诉老师自己身体有无不舒服的感觉。

（3）有礼貌地和家长告别。

（4）积极投入晨间活动。

（二）保健医常规要求

1.准备晨检用具：晨检必备物品包括消毒过的体温计和压舌板，装有电池的手电筒，外用药（如红药水、酒精、碘酒、烫伤膏等），敷料（如纱布、棉球、棉签、护创膏等），用于记录晨检时发现的异常以及家长给孩子带药的晨检本，消毒过的红、黄、绿3种晨检牌，以及晨检台、方盘、听诊器等。

2.做好晨检工作：保健老师负责园门口的初次晨检，班级老师负责幼儿进班的二次晨检。因此，保健老师务必认真通过一问、二看、三摸、四查、五登记来了解幼儿的情绪和身体状况。

一问：向家长询问孩子的饮食、睡眠、大小便情况，从而了解幼儿的健康状况。

二看：看幼儿的面色、精神状态，以及五官、咽喉、腮部、裸露在外的皮肤等有无异常，对有可疑症状的幼儿要及时告知家长，由家长带孩子去医院排查诊治，待幼儿痊愈且隔离期满后方可返回。

三摸：幼儿入园时用手触摸幼儿的额头，初步辨别有无发热现象，对可疑的幼儿用仪器测量体温。若发现幼儿发热，首先应了解幼儿发热的原因，有无到医院就诊，如果没有应说服家长带幼儿到医院就诊或回家休息。

四查：检查孩子有无携带危险物品。常见危险的物品包括小珠子、玻璃片、带尖的玩具等，以及幼儿不宜的食品包括瓜子、口香糖、果冻等。若老师发现上述物品和食品，应交由家长带回，或者暂时由老师保管，离园时由家长带回，并做好家长与幼儿的安全宣传与教育。

五登记：登记晨检中发现异常的幼儿和处理方法，并把情况反馈给班级教师，以便对这些幼儿进行追踪观察。

3.做好晨检牌的发放：绿色牌子提示幼儿一切正常，红色牌子提示幼儿不能进班，黄色牌子提示幼儿今天需要特别关注。没有牌子的幼儿是未进行晨检的，班级教师不予接收。

（三）教师常规要求

1. 换好园服，妥善放置好个人物品。

2. 查看当日活动计划与安排。

3. 认真、仔细查看当日活动所需要的物品、教具及环境。

4. 提前与配班教师或保育员沟通当日活动中的内容、安全注意事项及需配合的相关事宜。

5. 主动、热情、礼貌地问候幼儿。

6. 检查幼儿的晨检牌，严把晨检关，消除危险隐患，确保幼儿安全、健康入园。及时清点人数，做好点名记录。及时与未到园幼儿的家长取得联系，了解原因。

7. 礼貌、热情接待家长，与家长进行简单的交流，耐心回答家长提出的问题并交换意见。对特殊情况的幼儿予以特殊关照，发现问题及时处理或通知家长。

8. 采用多种方式安抚并疏导个别幼儿的不良情绪。

9. 做好晨间活动计划并创造性地组织新闻播报、晨练、分享等晨间活动。教师要注意指导幼儿安全地进入活动区。如果是室内活动，要保证幼儿在教师的视线范围内；如果是室外活动，教师要保证幼儿安全到达活动场地，避免出现幼儿独自一人的情况。

（四）保育员常规要求

1. 提前开窗通风，根据季节变化认真做好防寒保暖、防暑降温相关工作。

2. 保持地面、桌椅、门窗、玩具柜、口杯架、毛巾架等整洁干净。

3. 检查幼儿图书、玩具等活动材料是否充足、适宜，是否摆放整齐，为幼儿营造一个良好的环境。

4. 耐心指导并帮助幼儿自主整理好衣、帽、书包等物品，并鼓励幼儿参加力所能及的劳动。

5.提前做好幼儿饮水、就餐、如厕、盥洗所需的准备工作。

6.积极、主动配合教师做好幼儿入园相关工作，对家长的合理要求尽量给予满足，对个别不合理要求应耐心解释、友好沟通。

7.指导值日生做好区域材料整理、气象日志记录、环境清理及照顾动植物等工作。

（五）家长常规要求

1.按要求帮助幼儿带齐当日所需的生活和学习用品，确保幼儿不带危险物品到园。

2.按时护送幼儿入园，主动让幼儿接受保健人员的晨间检查。

3.与教师交接接送卡和晨检牌后方可离园。

4.若需委托幼儿园教师帮忙喂药，应主动填写好委托服药登记表（服药者姓名、性别、年龄、班级、药品名称、服药计量、服药方法）并交保健人员。主动向保健人员和当班教师报告幼儿的特殊情况，尤其是身体的不适。

二、早操环节

（一）幼儿常规要求

1.小班幼儿

（1）积极、愉快地和老师听音乐、按口令做操。

（2）会跟着老师做模仿操、徒手操等，动作基本合拍、协调。

（3）做操过程中不推、不挤、不跑、不跳。

2.中班幼儿

（1）认真、有精神地跟着老师进行早操活动，能够听口令，并按要求站队。

（2）能按动作要领跟着老师做徒手操、轻器械操等，动作到位、协调有力，能充分活动身体的各个部位。

（3）正确使用并收拾、整理活动器械。

3. 大班幼儿

（1）听到早操音乐迅速排好队，认真做操。

（2）做操时，眼睛看老师示范，耳朵听音乐节奏。

（3）动作到位，跑动迅速，不拖拉，不懒散。

（4）遵守规则，能主动示意老师增减衣服。

（二）教师常规要求

1. 做操前提醒幼儿喝水、如厕，并根据气候及身体需要增减衣服。

2. 选择适宜的音乐和便于活动的辅助器械，营造良好的锻炼氛围，增加早操的趣味性，达到提升锻炼效果的目的。音乐要适合幼儿的年龄特点，比如小班要选择柔和、中速的乐曲，歌词结构工整、单一、有重复，而中大班则选择活泼、快速、节奏复杂一些的乐曲。

3. 教师面向全体幼儿，带领幼儿做操时示范动作规范、到位。小班的动作编排以幼儿熟悉的生活律动、小动物律动为主，基本上是模仿性动作，且动作交替、有规律。中大班的动作转换和变化频率要相对多一些，有空间移动、节奏疏密变化、交往性的动作、新的舞蹈动作等。

4. 要留意观察幼儿的做操情况，根据幼儿的个体需要给予帮助，及时处理运动中的突发事件。

（1）常见的安全隐患

① 幼儿着装不当，做操时很可能会因为鞋带松动而被绊倒，或因为腰上的束带被钩住而造成伤害。

② 做操过程中，如果幼儿距离过近，容易相互碰撞引发安全事故。

（2）安全管理要点

① 做操之前教师要清点人数，检查幼儿的鞋带是否系好、衣服是否适量并穿戴整齐。

②在带领幼儿做器械操之前，帮助幼儿调整彼此之间的距离，检查器械的安全性，防止幼儿在做操的过程中相互碰撞，或器械滑落给幼儿带来伤害。

③身体不舒服的幼儿可以不出操。

5.尊重幼儿的个体差异，做操时对年龄小或动作不到位的幼儿不要急于纠正，可边说边示范，鼓励幼儿逐步学会按节奏、按口令做动作。教师应根据幼儿的经验和能力编排早操，从易到难、从简到繁。此外，小班幼儿做操的时间以6—8分钟为宜，中班幼儿做操的时间以8—10分钟为宜，大班幼儿做操的时间以10—12分钟为宜。

6.早操后，提醒幼儿擦汗和有序喝水，观察幼儿面色和出汗情况，判断运动量。

7.组织幼儿收拾器械、整理场地。

8.组织幼儿列队，待幼儿稳定情绪后，有序前往下一个场地或有序进入教室。

（三）保育员常规要求

1.检查场地和器械安全，做好器械准备。

2.准备好幼儿饮水设备。

3.配合教师做好幼儿早操的相关工作。

4.在幼儿做操的过程中，注意观察。

5.配合教师组织幼儿收拾器械、整理场地，负责把器械归位。

三、进餐环节

（一）幼儿常规要求

1.小班幼儿

（1）饭前在教师提醒下洗手。

（2）安静愉快地进餐，能正确使用勺子吃饭。

（3）学习文明的进餐礼仪。

（4）不挑食，不厌食，能在教师的帮助指导下吃完饭菜。

（5）餐后能在教师提醒下擦嘴，并用温水漱口。

2.中班幼儿

（1）帮助教师做好餐前准备工作。

（2）饭前洗手，能安静愉快地进餐，坐姿自然。

（3）餐具轻拿轻放，会使用筷子。

（4）进餐时细嚼慢咽，不发出声响，不用手抓饭，不用汤泡饭，不挑食，不剩饭菜。

（5）知道咽完最后一口饭菜后方可离开座位。

3.大班幼儿

（1）能正确使用筷子吃饭，坐姿端正。

（2）养成"四净"的好习惯，即桌面干净、地面干净、身上干净、碗内干净。

（3）知道饭后将桌子上的饭粒、残渣收进碗里，倒进垃圾桶。

（二）教师常规要求

幼儿进餐包括早餐、午餐和午点。进餐是幼儿园一日生活中保教合一的活动环节，也是幼儿一日生活中至关重要的部分。通过进餐环节，教师可以引导幼儿养成良好的进餐习惯，提升幼儿的生活自理能力。具体要求如下：

1.餐前半小时组织安静教学活动，餐前组织幼儿有序洗手、如厕。进餐前不做剧烈运动，因为剧烈运动时大部分血液涌向骨骼肌肉，胃肠等消化器官的血液量少，交感神经兴奋性增强，使消化器官的功能减弱，不利于消化食物。

2.餐前介绍菜品名称及营养成分，激发幼儿用餐的食欲。要注意营造宽松、温馨的进餐氛围，引导幼儿进餐前保持愉悦的心情。中小班幼儿自主性不够，对于饮食的营养价值认识不清，教师可以事先了解当天的菜谱，通过生动的描述，不仅让幼儿了解每种菜对自己身体生长的好处，还营造了幼儿想吃、乐吃、爱吃的心理氛围。大班幼儿有了一定的独立性，可以由值日生提前一天在家中和家长一起收集当天食谱的相关营养知识，在每餐前当小小信息播报员，向全体同伴播报当天的食谱及其营养价值。

3.引导幼儿参与摆放餐具的活动，要摆放整齐、轻拿轻放。

4.要注意饭菜的夏季散热、冬季保温，以保证幼儿食物温度适中。取来的饭菜放在餐桌安全处，避免发生烫伤。

5.引导、鼓励幼儿独立进餐，对特殊幼儿给予个别帮助与照顾。观察幼儿用餐的情况，及时处理异常情况。

6.纠正幼儿不良的进餐习惯，温馨提醒幼儿进餐的速度及食量。教师可以缓步巡视，小声提醒进餐较慢的幼儿不边吃边玩，提醒进餐速度较快的幼儿细嚼慢咽，对有进步的幼儿给予鼓励。同时，要保证留给幼儿充裕的就餐时间，一般为30—40分钟，不催促幼儿进餐。

7.鼓励幼儿身体不适时主动告诉教师，教师根据实际情况及时调整幼儿进餐量。

8.引导幼儿养成细嚼慢咽、安静进食、不剩饭、不暴饮暴食等良好进餐习惯。

9.用餐后提醒并指导幼儿自主漱口、用纸巾擦嘴。帮助、指导小班幼儿学习掌握饭后擦嘴、洗手、漱口的正确方法，鼓励中大班幼儿主动整理餐具、收拾食物残渣。

漱口的正确方法：首先让幼儿将可饮用的温水含在口中，闭紧嘴，鼓起两腮，让水在口腔内反复漱5—8秒，然后低下头，将水吐在水池中，反复进行3—5次。

10.注意餐后半小时内不要做剧烈活动，提醒幼儿餐后不要追打、吵闹。饭后不能进行剧烈运动是因为饭后胃肠内充满食物，剧烈运动将牵拉胃肠系膜，导致胃下垂、腹痛等疾病发生。

11.指导小班幼儿学习将餐具分类放在固定的容器里，指导中大班值日生进行桌面、地面的卫生清理工作。

12.组织幼儿进行餐后散步、户外观察和自由活动。

(三)保育员常规要求

1.保育员在分餐前20分钟进行餐桌消毒。

2.引导中大班值日生做好餐前相关准备工作,并对值日生的配合工作给予肯定和表扬。

3.分餐时使用食品夹或消毒筷,饭菜应该分开盛放,少量多添。

4.保育员应对于吃饭速度慢、体弱或肥胖的幼儿给予帮助、照顾。

5.督促并指导幼儿餐后自主漱口、擦嘴,养成良好的用餐习惯。

6.进餐结束后打扫桌面、地面,清洗餐具并进行消毒。

四、盥洗环节

(一)幼儿常规要求

1. 小班幼儿

(1)能在教师提醒下排队洗手。

(2)洗手前由教师帮助将衣袖卷起。

(3)洗手时不玩水,学会擦香皂,洗好后用自己的毛巾擦手。

(4)认真参照"五步洗手法":用水打湿双手;关上水龙头,双手抹上香皂;搓手心、手背、手指、手指缝、手腕;打开水龙头,将香皂沫冲干净;关上水龙头,将手在水池里甩三下;取下自己的毛巾将手擦干,并将毛巾挂在固定的位置。

2. 中班幼儿

(1)养成饭前便后洗手的好习惯。

(2)会自己卷衣袖,能在教师提示下正确洗手。

(3)洗手时自觉排队,不在盥洗室打闹。

(4)学会自己搓拧毛巾。

3. 大班幼儿

（1）能自觉、主动地在需要的时候洗手。

（2）掌握正确的洗手方法，保持地面、服饰干爽。

（3）懂得节约用水和如何使用香皂。

（4）配合教师的工作，认真检查其他幼儿的盥洗情况并及时汇报。

（二）教师常规要求

1.在盥洗室张贴五步洗手法示意图，让幼儿参考示意图正确洗手。

2.幼儿个人用品标识到人，督促幼儿记住自己的毛巾、杯子等。毛巾架、水杯架要有明显的幼儿标识，每个幼儿一个格子，放置幼儿当天使用的毛巾和水杯。

3.在每个水龙头旁放置一块肥皂，冬天洗手的水温调至35—40度，夏天用冷水洗手。

4.组织幼儿分组有序地进行盥洗，仔细观察幼儿盥洗的情况并及时指导、纠正。盥洗是幼儿园一日活动中的重要生活环节，可使幼儿保持清洁，维护幼儿身体健康。同时，还可以培养幼儿爱清洁、讲卫生的好习惯，提高幼儿的生活自理能力。

（1）管理要点

① 洗手环节分为集体洗手和按需洗手。一般刚入园、饭前、喝水前、户外活动归来等环节，教师要组织幼儿集体洗手。

② 教师应提醒幼儿卷好袖子（帮助有困难的幼儿卷好袖子）、节约用水，发现有打闹、玩水等情况，要及时提醒和纠正。

③ 提醒幼儿按照正确的方法洗干净手和脸，天气干燥时提醒幼儿抹润肤露。洗手顺序为"卷衣袖—湿手—擦肥皂—搓手心、手背—冲洗—双手合掌甩水—打开毛巾擦干净"；洗脸顺序为"卷衣袖—拿毛巾湿水—拧干—把毛巾打开擦脸、手背、脖子—搓洗毛巾—拧干—

挂回原来的地方"。

④为了避免幼儿的消极等待，教师可以采用分组的方式组织幼儿洗手，第一组幼儿完成洗手超过一半时，再请第二组幼儿进行洗手。在洗手活动中，教师可以播放轻音乐，为幼儿营造一个轻松的氛围。

(2) 洗手常见问题

①幼儿不会挽袖子。

②幼儿不会控制水流的大小。

③幼儿洗手方法不正确。

④幼儿洗手时不用香皂。

⑤幼儿不认真洗手，洗手时打闹、玩耍。

(3) 应对策略

①教师适当进行示范、帮助、提醒。

②教师可将洗手方法分解，并多次进行示范，还可与幼儿一起洗手，边说边做，让幼儿轻松地学习正确的洗手方法。

③教师可以准备形状、颜色不同的香皂激发幼儿洗手的兴趣。香皂放置要避免二次污染，装香皂的器具要定期消毒。

④教师可以引导幼儿自己制定洗手的规则。

⑤教师可以引导幼儿学习自我管理，互相提醒。

5.鼓励、指导中大班值日生检查其他幼儿盥洗情况，对于做得好的幼儿给予肯定和表扬。

6.温馨提醒幼儿盥洗时尽量保持地面干燥，消除安全隐患，避免幼儿滑倒摔伤。

7.由于幼儿人数众多、资源有限，幼儿在进行盥洗时，经常要面临排队等候的问题。因此，教师要引导幼儿自主调配盥洗环节，帮助幼儿高效地完成盥洗过程，减少排队等候时间，从而使各活动环节更为紧凑，培养幼儿节约时间、有效利用时间的意识。

（三）保育员常规要求

1.布置卡通形象的盥洗室图片，让整个房间显得温暖、活泼。

2.提前做好盥洗相关准备工作，保证幼儿用流动水洗手。

3.幼儿洗脸的毛巾按要求及时进行消毒。

4.如果幼儿在盥洗过程中弄湿衣裤，应及时帮助幼儿处理。

5.跟进幼儿盥洗全过程，提醒并督促幼儿遵守规则、养成良好的盥洗习惯并掌握正确的盥洗方法。

6.温馨提醒幼儿保持盥洗室地面干燥，及时擦净积水、水渍。

7.幼儿盥洗完毕后，及时将盥洗室整理干净。

8.不定时冲刷并消毒马桶、小便池，及时清洁地面，防止幼儿滑倒。

五、饮水环节

（一）幼儿常规要求

1.小班幼儿

（1）双手端水杯，不洒水。

（2）喝水量足够，不剩水。

（3）水杯用后放回原处。

2.中班幼儿

（1）会正确取水，口渴时会主动取水。

（2）喝水时不说笑。

（3）喝完后按姓名将水杯摆放整齐。

3.大班幼儿

（1）能根据自己的需求按时、按量取水。

（2）活动后、口渴时能够自己随时喝水，按需取水并将水喝完。

（二）教师常规要求

1.引导幼儿用自己的专属杯子喝水。

幼儿园新教师入职指导手册

2.一日生活中定时组织幼儿集体饮水，鼓励幼儿多喝水，口渴时一定要主动饮水。分组提示幼儿有序、独立接水，安静喝水。同时，教师要提醒幼儿接水时眼睛看着水杯，不要边走边喝，对幼儿聊天、打闹行为应及时提醒、纠正。

（1）常见问题

①幼儿不会使用水杯，水接得过多、过满。

②幼儿主动喝水的意识不够，不愿意喝白开水。

③幼儿不能根据身体的需要喝水，喝水过少或过量。

④幼儿喝水时喜欢边喝边玩边聊天。

（2）应对策略

①教师通过示范、练习等方法引导幼儿学习正确使用水杯。对于个别不会用水杯和容易洒水的幼儿，教师应多加关注，进行个别指导。

②教师可以开展谈话等活动，让幼儿了解喝水的注意事项，避免呛水。

③教师通过示范、图示引导等方法，让幼儿明确接水量。

④教师可以设置"喝水记录表"，激发幼儿主动喝水的兴趣，根据每个幼儿的喝水记录，及时提醒幼儿喝水，保证每个幼儿都能适量喝水。

⑤教师应视幼儿需要组织集中喝水、分散喝水。例如，可以在集体活动、户外活动、起床后等时间组织幼儿集中喝水，也可以鼓励、提醒幼儿随时喝水（尤其是生病的幼儿）。

⑥教师应注意观察幼儿喝水的表现，并及时给予指导。

（3）注意事项

饭前饭后不宜给幼儿喝水，剧烈运动后也不能马上喝水，以免造成肠胃不适。夏天不能喝冰水，对幼儿的肠胃不好，可以喝常温的凉开水。冬天不能喝太热的水，要喝温开水。秋季天气变化无常，不仅忽冷忽热、早晚温差较大，而且空气变得比较干燥，既要多喝水，还应补充一些时令水果，可以起到润肺、止咳、益胃、解渴、利尿的作用。

3.细心观察幼儿每天的饮水量，运动后出汗过多、天气炎热等情况可适当增加饮水量。

幼儿在园一日生活中的饮水量：来园时半杯（大约50ml）；早操后一杯（大约100ml）；教育活动后一杯（大约100ml）；户外活动前一杯（大约100ml）；户外活动后一杯半（大约150ml）；午睡起床后一杯（大约100ml）；区角活动后一杯（大约100ml）；户外活动后一杯半（大约150ml）。此外，除以上幼儿集体喝水时间，一日活动中幼儿根据需要可以随时喝水，喝水的时间、次数不限。

4.耐心指导幼儿安全有序、自主排队取水。教师可以组织大部分幼儿进行环节小游戏，等待未完成喝水的幼儿。

（三）保育员常规要求

1.耐心帮助幼儿安全有序地取水和取放水杯。

2.引导和保证幼儿按需饮水，提醒有特殊需要的幼儿多次饮水。

3.对于幼儿个人专属水杯，应确保每天清洗并进行消毒。有条件的幼儿园可用蒸汽消毒，每个幼儿的水杯应放在水杯柜中固定的地方，保持水桶内外、水杯柜的清洁。

4.幼儿需要喝水时，应随时给水喝。应保证班上随时有白开水，并及时提醒幼儿喝水。提倡幼儿多喝白开水，不能喝茶或者饮料。各种饮料——如汽水、果汁、可乐等含有较多的糖分、碳酸化合物及电解质，过多摄入除了对幼儿的牙齿发育不利，还会影响幼儿的食欲和消化功能，甚至可能引起幼儿超重和肥胖。

六、如厕环节

（一）幼儿常规要求

1.小班幼儿

（1）知道及时如厕的必要性，有便意时能主动告诉教师。

(2) 蹲姿正确，会提裤子。

(3) 逐渐学会大、小便自理，避免将大、小便便到便池外。

(4) 如厕时排队不拥挤。

(5) 弄湿、弄脏裤子能及时告知教师。

2. 中班幼儿

(1) 如厕时不争抢，不在厕所里打闹。能自觉配合教师，能安静、有序地按要求分组如厕。

(2) 便后会整理衣服，并用香皂洗手。

(3) 学会使用厕纸，学习冲厕所。

(4) 按规定取纸，不浪费纸张。

(5) 饭前、活动前自己提前准备如厕。

3. 大班幼儿

(1) 会正确使用厕纸，会用手自前向后擦屁股，便后将厕所冲洗干净。

(2) 能区分男女厕，大小便能自理，有异常情况能主动告知教师。

(3) 如有便意，在教学过程中和用餐过程中要学会等待。

(4) 便后养成冲水、洗手、整理好衣服再出门的好习惯。

(5) 养成集体活动前如厕的好习惯。

（二）教师常规要求

1.有序组织幼儿分组如厕，排队等待，尽量避免安全事故。可按性别组织幼儿分组如厕，培养幼儿初步的性别意识。

2.分层次指导幼儿如厕时，针对小班，教师应允许幼儿按需要随时大小便，饭前、外出、入睡前提醒幼儿如厕，掌握幼儿排便规律。同时，教师应引导幼儿学习擦屁股的正确方法，要及时帮助尿床、尿裤子和穿脱衣服困难的幼儿。针对中大班，教师应组织幼儿分性别如厕，对幼儿如厕过程中出现的问题给予正确引导，指导幼儿便后独立擦屁股、整理衣服。

(1) 常见问题

① 幼儿不敢小便、不会小便，尿裤子的现象时有发生。

② 幼儿便后不会自己提裤子、擦屁股，整理衣服不到位。

③ 幼儿如厕时玩耍、打闹。

(2) 应对策略

① 教师要带领刚入园的幼儿参观、熟悉厕所环境，介绍男孩、女孩的如厕方式。

② 每次幼儿如厕时，保证有一名教师在旁看护，随时帮助有困难的幼儿，边帮边教。

③ 教师可在盥洗室安装穿衣镜或张贴正确提裤子的步骤示意图，让幼儿按图示提好裤子并对着镜子检查。

④ 教师可以组织幼儿制定文明如厕公约。

⑤ 教师应及时评价幼儿在如厕中的表现，并正确引导。

3.细心观察幼儿大便情况。如发现幼儿大便情况异常，及时联系家长并做好记录，采取积极有效的措施，注意全日观察。

4.不限制幼儿如厕次数，提醒遗尿的幼儿及时如厕。

5.如果幼儿不小心尿湿衣物，须及时更换。

（三）保育员常规要求

1.提前准备好手纸，方便幼儿取用，提醒、督促幼儿便后用流动水洗手。

2.耐心指导或帮助有困难的幼儿便后擦屁股、整理服装。

3.及时为尿湿裤子的幼儿更换衣物，并清洗尿湿的衣物、鞋袜。

4.对于不太习惯在幼儿园如厕的幼儿，要耐心帮助幼儿消除顾虑，并鼓励幼儿积极尝试。

5.确保厕所清洁、干燥、通风，每天进行消毒，做到干爽无异味。

七、午睡环节

(一) 幼儿常规要求

1. 小班幼儿

（1）不带玩具上床，安静就寝，睡姿正确。

（2）在教师的帮助下，能按顺序脱衣裤、鞋袜，并放在固定的地方。

（3）能独自安静入睡，能在教师提示下改正不良睡姿。

（4）能在教师帮助下穿好衣服，穿鞋时能分清左右，由教师帮助系好鞋带。

2. 中班幼儿

（1）能快速、安静、独立地入睡。

（2）养成正确的睡姿。

（3）能独立按顺序穿脱衣裤、鞋袜，并放在固定的地方。

（4）会在教师指导下叠被子、拉齐床单，会将枕头放在叠好的被子上面。

3. 大班幼儿

（1）能在睡前将脱掉的衣裤、鞋子叠放整齐。

（2）睡姿正确，按时入睡，按时起床。

（3）学会自己整理床铺。

（4）学会系鞋带，会自己穿衣物，并且能够穿戴整齐。

（5）睡觉时没有蒙头、吮手、咬被角等不良习惯。

(二) 教师常规要求

1. 指导幼儿养成午睡前如厕的习惯，提醒幼儿安静、有序地进入寝室午睡。午睡是幼儿在园生活的重要环节，可以通过这一环节引导幼儿养成健康的生活方式。教师要细致观察、耐心指导，进行科学、合理的生活教育，帮助幼儿养成良好的午睡习惯。

2.睡前不要剧烈运动。睡前大量运动会造成幼儿的神经系统高度兴奋，难以平静，应注意让幼儿在睡觉之前处于一种安静、平和的精神状态。

3.睡前不训斥幼儿。训斥会造成幼儿情绪压抑，从而影响入睡质量。也不要责怪幼儿，如果幼儿受到心理刺激，反而不利于入睡，有的甚至还会假装睡着。

4.合理安排午睡时间。午睡起始时间一般为午餐结束之后的20—30分钟，刚吃完午餐的幼儿不宜立即入睡。同时依据幼儿年龄的不同以及各地季节的不同要合理安排午睡时间，小班一般为1.5—2小时，中大班一般为1—1.5小时，夏季的午睡时间可适当比冬季长。

5.提示并指导幼儿将鞋袜整齐脱放在各自的床下，将外套按要求叠放整齐，并放置在固定位置。

6.检查幼儿手里、口袋里是否有危险物品，如头饰、发卡、皮筋、玩具等小物品，测量幼儿体温并记录。

7.和幼儿共同制定午睡的规则，引导幼儿遵守大家制定的规则。

8.教师要进行巡视并仔细观察，帮助幼儿盖好被褥，纠正不正确睡姿，查看幼儿是否携带危险物品，是否与其他幼儿有危险动作，是否身体不适等情况。对患病的幼儿，应及时做好午睡观察记录。

9.对一时不能入睡的幼儿，教师可用面部表情和手势提醒，或轻轻抚摸、劝慰引导其入睡。不要把好动或入睡慢的幼儿排在一起，以免他们互相影响。不能确定全部幼儿都已安静入睡时，教师不能睡觉或坐卧幼儿的床。

10.午睡结束时，可用播放轻音乐、故事等多种手段叫醒幼儿，也可分批起床。注意对个别起床困难的幼儿给予关注和指导。

11.幼儿起床时，指导幼儿尽可能自己整理床上用品。检查幼儿的衣服、鞋袜是否穿戴整齐，避免穿反鞋、穿错衣裤、不穿袜子的情况发生。

12.起床后要做好午检，摸幼儿额头试温，观察幼儿的精神状态和身体情况，根据当日气温增减衣服，及时组织幼儿分批如厕。

13.起床后指导幼儿喝水，补充水分。

（三）保育员常规要求

1.认真做好幼儿午睡前的准备工作，提前开窗通风，整理好床铺并根据室内外温度及时增减被褥。冬季时需要在午睡前半个小时关窗保持室内温度，其他季节应根据空气质量情况开窗通风。

2.寝室内拉上窗帘，努力为幼儿创造一个良好的睡眠环境。

3.每位幼儿的床铺、被褥、枕头等应该固定，专人专用。

4.根据季节及时更换幼儿被褥，为体弱幼儿和易生病的幼儿准备较厚的被褥。

5.睡前做到三关：关灯、关门、关窗（冬季最好提前30分钟关窗）。

6.耐心指导或帮助幼儿有序地穿脱衣物及鞋袜，并自主放在指定位置。

7.认真做好幼儿被褥卫生工作，确保其干燥、干净。

8.寝室内保持卫生、整洁，每天一小扫，每周一大扫，尽量为幼儿营造一个舒适的睡眠环境。

9.夏冬季节，活动室应在起床前20分钟开空调，调整温差。

10.幼儿全部离开后，清理寝室卫生，保持空气流通。

八、区域活动环节

（一）幼儿常规要求

1.小班幼儿

（1）知道各区域的名称，明确区域的空间方位，能说出自己在什么活动区做什么事情。

（2）学习并理解简单的区域规则，活动时爱护玩具、材料，轻轻走路、说话、取放材料，不把区域材料随意带到其他区域，玩完后放回原处，学习按区域材料的标志归放材料。

（3）会自选活动区的材料及选择游戏伙伴、游戏内容。

（4）学习并能掌握各活动区材料的操作方法及工具的使用方法。

2. 中班幼儿

（1）根据自己的兴趣选择活动区。

（2）能遵守区域规则，能轻拿轻放玩具、学具，爱护和正确使用材料。

（3）学习有目的地参与区域活动内容，按照自己的意愿自选活动区的材料及伙伴，能按自己的意愿操作材料和工具。

（4）能基本掌握各活动区材料的操作方法及工具的使用方法。

（5）参与游戏材料的收集与准备。

3. 大班幼儿

（1）能与教师、同伴协商，共同制定游戏规则，按规则开展活动。

（2）能与同伴合作、交流，懂得谦让，可以分享游戏材料和经验。

（3）能按自己的兴趣、意愿自主选择活动区域、游戏内容、材料、同伴、角色、场地等，活动具有一定的目的性，能有始有终地在活动区完成某一项工作。

（4）愿意参与幼儿园区域的设置，参与材料的收集、投放、修补等活动。

（5）能创造性地开展区域活动，可以自发组织一些游戏活动，在教师的指导下会自己制作玩具用于游戏，可以创造性地使用材料。

（6）能听从指令，在规定的时间内将各活动区材料归放整齐。

（二）教师常规要求

1.为幼儿的区域活动创设条件，提供区域活动的时间、地点和充足的玩具材料。区域的创设既要考虑到幼儿之间方便相互交流、共同合作，又要注意彼此之间互不干扰。活动区尽可能以动、静区分，将较为安静的区域安排在教室里面的位置，较吵闹的区域安排在靠近门口的位置。

2.在设置活动区时，应在每个区域之间留出足够幼儿进出的通道，保证幼儿更换区域时的通畅。在区域窄小的地方或者通道，不要放置容易磕绊的物体或者有棱角的桌椅。

3.和幼儿一起制定区域活动规则，并引导幼儿遵守规则。由于区域活动是以幼儿自主活动为主，而幼儿年龄小、好动，如没有切实可行的规则来约束，任幼儿想怎么样就怎么样，那么活动肯定是没有成效的。

4.指导幼儿爱护物品，不损坏区域材料。当游戏需要时，可以对原材料进行加工，加工后的边角料要及时清理。

5.认真观察区域情况，解读幼儿的游戏行为，了解幼儿的游戏需求，并根据情况组织幼儿共同收集游戏需要的材料，丰富区域的"百宝箱"。在实际游戏时适时地加入到幼儿游戏中，关注个别现象并加以指导。

6.在日常区域互动中，要注意培养幼儿良好的游戏习惯，如更换活动区时不到处跑动等，培养幼儿的安全意识。角色区内投放的成品材料和教师自己制作的辅助材料要保证安全、无毒、卫生。在角色区游戏开始前，教师应指导幼儿如何使用玩具，并特别说明使用玩具的注意事项，对食品类玩具要重点说明，以避免幼儿误食。科学区投放镜子、万花筒、玻璃等易碎材料时，教师要引导幼儿轻拿轻放，并且告诉幼儿如果不慎将玻璃制品摔碎，不要用手捡。

7.充分挖掘和利用区域活动中的教育契机，组织幼儿在游戏后进行交流分享，根据实际情况开展话题。

8.指导幼儿游戏后有序整理，将所有材料物归原处。

（三）保育员常规要求

1.做好活动情况登记，检查物品归位情况。

2.对区域内可水洗的玩具和材料进行清洗消毒,对无法水洗的玩具和材料进行擦拭消毒,保持室内卫生。

3.检查班级中幼儿能够触碰到的物品——如玩具、柜子、桌椅等是否有损坏,损坏的物品要及时修理。

九、集体教学环节

(一)幼儿常规要求

1.小班幼儿

(1)活动过程中情绪饱满,对活动感兴趣,能跟着老师的引领进行感知和操作活动,并运用各种感官参与活动。

(2)愿意参与到活动过程中,能够与同伴互相学习,可以回答老师提出的问题,能向老师提出疑问。

(3)在活动中懂得倾听,乐于交流分享自己的经验和想法,并体验收获感。

(4)能听清老师对活动的要求,能在老师的指导下坚持完成每项活动。

(5)知道发言时要先举手,不随意插话,逐步养成良好的倾听与表达习惯,能够遵守集体规则。

(6)能正确地使用和整理活动材料或用具,学习良好的坐姿、举手、看书等教学常规。

2.中班幼儿

(1)在活动过程中情绪饱满,有活动的自主性和能动性,能愉快并感兴趣地进行感知和操作。

(2)在整个活动过程中参与性强,能与同伴互相学习,积极思考老师提出的问题,并能将自己的想法讲给同伴,举止大方、吐字清楚、声音适中。

(3)在活动中能够专注地倾听老师与同伴的谈话,善于表达,乐于交流，可以较熟练地运用材料进行操作。

（4）对学习、探索活动具有一定的坚持性，善于克服困难，能够表现出良好的倾听、表达、轮流、协商、合作、分享和守规则等行为习惯，发言时先举手，站起来再回答老师的问题。

（5）掌握正确的坐姿、站姿以及举手、握笔、看书、写字的姿势。

3. 大班幼儿

（1）在活动中精神饱满，对活动感兴趣，专注性强，思维活跃，有活动的自主性和能动性，且表现出一定的创造性。

（2）在整个活动过程中参与性强，能跟随老师的问题进行思考，回答问题的思路较清晰，解答较完整，互动深入、有效。

（3）在活动中专注倾听、善于表达、乐于交流，能熟练地运用材料进行操作，能运用多种方式和已有经验解决问题并能将知识进行迁移。

（4）在活动中对学习、探索活动具有一定的坚持性，能够克服困难，表现出良好的倾听、表达、轮流、协商、合作、分享和守规则等行为习惯，发言时先举手，经老师允许后站起来回答问题，能遵守集体规则。

（5）养成良好的坐姿、站姿以及看书、握笔、举手、整理学具的习惯，能自觉学习，不影响他人。

（二）教师常规要求

1.依据本班幼儿发展需要和已有经验，选择合适的活动内容，制订可行的活动计划并按计划实施教育活动。

集体教学活动是教师在了解和把握幼儿身心发展特点与生活习惯的基础上，通过有计划、有组织地开展活动，帮助幼儿获得知识的过程。它是一种明确便捷、系统有序、经济有效地作用于幼儿的教学方式。全班幼儿在同一时间学习相同的内容，并以相同的速度与方式进行，这种教学形式有利于教师在活动中发挥主导作用，有序地把控教学过程。教学内容不仅要符合幼儿的年龄水平，还应该关注幼儿的已有经验，挖掘贴近幼儿生活的内容，使幼儿对学习的内容产生浓厚的兴趣，并积极主动地参与活动。

2.活动前需准备好必要的教具、操作材料，并与配班教师及保育员共同做好分发材料的准备工作，讲明配合要求及注意事项。

3.依据活动类型调整桌椅位置，便于幼儿活动与交流。

4.教师应在活动中互换角色，尽量理解、尊重幼儿的想法与感受，细心观察幼儿在活动中的表现，妥善处理、及时沟通。

5.选择生动有趣的教学方式，以吸引幼儿的注意力，并根据幼儿的年龄特点控制好集体教学的时间。注重幼儿实际动手操作，寓教于乐，注重对个别幼儿的指导。

6.提醒幼儿保持端正的坐姿，专心倾听别人讲话，不随便插话。鼓励幼儿积极思考老师提出的问题，并大胆表述自己的想法，回答时声音响亮。

7.指导幼儿正确操作学具材料，避免造成外伤。指导幼儿爱惜物品，操作完放回指定地方并摆放整齐。

8.关注幼儿在集体教学活动中的表现，敏感地察觉他们的需要，形成积极、有效的师幼互动。

9.活动后教师及时点评幼儿参与活动的情况，并进行记录，分析幼儿在活动中的状况。

（三）保育员常规要求

1.认真协助教师做好活动前的准备工作，主动向教师了解需要配合的注意事项。

2.协助教师摆放、分发活动所需材料，安排场地等。

3.集体教学物品、材料的清洁和消毒。

4.活动中配合教师维持活动纪律，协助教师指导和帮助个别幼儿

参与活动。

5.在协助教师指导教学过程中，走动位置恰当，声音轻柔，态度温和，尽量不影响其他幼儿参与活动。

6.指导和协助值日生收拾、整理学具、玩教具及材料。

十、户外体育环节

（一）幼儿常规要求

1.小班幼儿

（1）在教师的引导下，愿意参加各类体育活动。

（2）愿意学习体育运动中走、跑、跳、爬、钻等基本动作，动作基本协调。

（3）会选择不同的体育器械活动，能够掌握简单运动器械的基本玩法。

（4）知道户外活动时不随意离开成人和集体，在老师指定范围内活动，不互相拥挤，玩体育器械时知道要注意安全。

（5）如有身体不适，会及时告诉老师。

（6）会与成人一起收拾、整理活动器械和体育活动玩具。

2.中班幼儿

（1）愿意参加各类体育活动，冬天不怕冷，夏天不怕热，活动中能克服困难进行锻炼。

（2）愿意学习体育运动中走、跑、跳、爬、攀岩、钻等基本技能，动作协调、灵活。

（3）活动前在教师提醒下会检查自己的衣服、鞋子有没有穿好。

（4）会选择不同的体育器械进行活动，能够掌握器械的基本玩法和使用方法，愿意尝试新玩法。

（5）在活动中有自我保护意识，在老师指定范围内活动，不互相拥挤，不做危险动作，玩体育器械时能注意安全。

（6）活动过累或身体不适时，能及时告诉老师。

（7）会与成人一起收拾活动器械和体育活动玩具。

（8）不争抢体育器械，同伴间能友好相处、互相谦让、合作游戏，活动结束时能收拾玩具。

3. 大班幼儿

（1）能用多种运动器械创造性地开展体育活动，能与同伴协同运动，努力克服困难，有坚持性。

（2）在户外活动前能主动检查自己的衣服、鞋子是否穿好，排除安全隐患。冬季需要拿掉帽子，取下围巾、手套等，夏季出汗时不要马上脱外衣，学会自己擦汗。

（3）掌握多种运动中的安全保护技能和方法，如大型器械上不打闹、不推挤，游戏奔跑、跳绳时会避让，不做危险动作，不用器械与同伴打闹等。

（4）对气候环境变化有一定的适应能力。

（5）尝试探索多种方法，如走蛇形步、俯卧撑、快速跑等综合体育活动，探索几种体育器械的多种玩法，掌握运动的基本技能。

（6）爱护体育器械，活动结束时，能主动收拾、整理活动器械和体育活动玩具。

（二）教师常规要求

1.保证每天固定的户外活动时间与时长，其中1小时为体育活动时间，要求有计划组织有器械的体育活动。《幼儿园工作规程》指出，幼儿每日的户外体育活动时间不得少于1小时。进行适当的户外锻炼，既可以提高幼儿对外界气温变化的适应能力，又可以激发和恢复幼儿主要器官的机能，促进幼儿身心健康发展。

2.提前做好活动的准备工作，检查场地、器械，尽量消除一切安全隐患。活动前要尽可能预计到可能出现的不安全因素，向幼儿交待活动的规则和有关安全事项，增强幼儿的自我保护意识。

3.组织幼儿活动前如厕、洗手、站队，检查并帮助幼儿整理好衣服。

4.根据各类活动的特点与设置，为幼儿提供各种各样、可供选择的活动材料。尊重幼儿的个体差异，挖掘活动器械的功能性和可变性，反复钻研一物多玩，通过丰富的户外体育游戏来激发幼儿的锻炼兴趣，增强幼儿在体育活动中参与的主动性。

5.依据幼儿各年龄阶段的特点，科学合理地安排运动密度和活动量，有计划地开展各项体能活动，并开展各项发展幼儿基本动作的活动。

6.户外场地活动范围较广，幼儿四处分散活动时，教师的视线不能顾及每个幼儿。因此教师的站位以中间为宜，要让所有幼儿都能看到。教师也可以四处巡回走动，及时纠正幼儿危险动作，发现问题及时进行必要的安全指导和安全教育。

7.针对各类户外活动的不同要求制定活动规则，并督促幼儿在活动中养成良好的规则意识。体育活动的组织指导、口令及示范动作要标准，可以以图示、口令等形式帮助幼儿掌握规则。

8.控制、把握好活动量和活动强度，防止突然运动或剧烈运动造成的拉伤、扭伤或身体不适等情况。提醒幼儿注意安全，避免事故发生，若发生意外应立即报告并妥善处理。

（三）保育员常规要求

1.活动前主动向教师了解户外活动的要求及注意事项，积极协助教师做好活动前的准备，检查场地、器械的安全，检查幼儿服饰和鞋子是否适合参与运动。

2.活动中细心观察幼儿活动量，及时提醒或帮助幼儿增减衣物。

3.准备好干毛巾，帮助出汗幼儿擦汗。

4.对体弱幼儿或排斥参与活动的幼儿，要及时介入并给予帮助。

5.活动后指导幼儿收拾场地，检查器械，收拾幼儿衣物，协助教师清点人数。

6.做好幼儿活动后的护理工作，督促幼儿洗手、增减衣物，提醒幼儿活动后饮水等。

7.活动结束后整理器械。

十一、离园环节

（一）幼儿常规要求

1.小班幼儿

（1）能高高兴兴地离园，和老师说再见。

（2）不跟随陌生人离园。

2.中班幼儿

（1）会整理个人物品，主动和老师、同伴说再见。

（2）会自觉排队，不拥挤、不打闹、不着急。

3.大班幼儿

（1）离园前收拾好玩具，有礼貌地向老师、同伴告别。

（2）能给父母讲述幼儿园一日活动的情况，告诉父母需要家庭配合的任务。

（3）能独立收拾自己的物品，自己的东西自己拿。

（二）教师常规要求

1.稳定幼儿情绪，有序组织离园前活动，如组织开展小游戏、区角、绘本等，尽量不要安排幼儿一边看电视一边等待家长来接。离园是幼儿在园一日活动的最后一个环节，也是教育过程中不可忽视的重要环节。它不仅关乎着幼儿在园一日活动整体状况的展示，也是家长了解幼儿园的一个窗口。离园活动开展得好，可以使幼儿在园一日活动有一个圆满的结束。

2.和幼儿一起整理各个活动区，将玩具、材料等摆放整齐，发现坏了或旧了的材料及时修理好，或用新的材料替换。也可组织幼儿适当劳动，既有利于培养幼儿的自理能力，又有利于增强幼儿为集体服务的意愿。

3.离园前，提示或指导幼儿清洁仪表、整理衣裤、系好鞋带，查看幼儿的脸和手是否干净，头发是否凌乱，穿戴是否整齐。对于年龄较小或生活自理能力较弱的幼儿，教师还要检查是否有尿湿、汗湿等情况。一旦发现，教师应及时为幼儿更换洁净的衣物。

4.温馨提醒幼儿与教师、小朋友礼貌道别。准确识别家长，亲自将班级中的每一位幼儿交到其家长手里，确保交接安全。要妥善处理代接问题，如果家长因故不能亲自来接幼儿，要求家长用书面的形式向教师说明自己不能前来接幼儿的原因、委托谁来接以及确认的方式。也要对前来接幼儿的人进行询问，并与家长联系确认其身份，得到家长认可后，才能将幼儿交给代接的人。如果家长事先没有告诉教师自己不能来接幼儿，也没有书面说明，教师应及时与家长取得联系，核实代替家长来接幼儿的人员情况。教师在准确核实及获得家长许可后，才能将幼儿交给代接的人。

5.幼儿离园时，教师要一边接待家长一边关注班中幼儿的活动情况。每接走一名幼儿，教师都要做好记录并随时清点幼儿人数。当幼儿全部离园后，教师应再次检查班级中的每个角落，以防遗漏。

6.根据幼儿的实际情况有针对性地与家长进行交流，不要泛泛而谈。在一日生活中，教师要注意观察幼儿饮食、睡眠、游戏、学习等各方面的情况，发现有需要跟家长沟通的问题应及时记录。教师若对幼儿缺乏了解，与家长交流时就说不到点子上。

7.细心与家长交接幼儿的物品。

① 幼儿衣物：离园时幼儿如果需要增添衣服、戴上帽子和围巾等，教师应指导家长从储物柜中取出幼儿衣物，在活动室门口帮助幼儿穿戴好。如果幼儿当天有浸湿、尿湿的衣物，教师应清洗、晾晒后叠放整齐，离园时交给家长，并向家长说明情况。

② 幼儿药品：对带药来园服用的幼儿，离园时教师应主动向家

规范管理幼儿园一日常规

长介绍幼儿服药前后的情况。如幼儿服用后还有剩余的药品，教师应在离园时退还家长，并在交接班记录本上做好记录。如果第二天幼儿需要继续在园服用该药，教师可请家长第二天入园时再次将药带来。

8.及时发布通知或任务。离园时家长相对集中，是教师发布通知或发放文字材料的较好时机。如果通知已张贴在班级宣传栏中，离园时可以提醒家长认真阅读。

9.幼儿离园后，整理使用后的教学用品。

10.按照教育计划中的内容，将次日开展教学活动、游戏活动、户外体育活动、生活活动需要的材料准备好。

（三）保育员常规要求

1.清理幼儿衣物用品，做好幼儿离园的准备工作。

2.耐心指导并帮助幼儿整理衣物、检查仪表。

3.引导即将离园的幼儿将椅子放到指定的地方，并与教师、同伴告别。

4.协助幼儿收拾好自己的物品，确保整齐、无遗漏。

5.亲切地与家长沟通交流，耐心解答家长提出的问题，并注意沟通的方式与方法。主动与个别特殊幼儿家长交流该幼儿在园的一日生活，汇报护理情况，争取得到家长的理解、支持与配合。

6.全面做好卫生工作，做好餐具、水杯、毛巾等用品的消毒工作，并放置到指定位置。对幼儿活动室、盥洗室、卫生间进行清洁、消毒。

7.幼儿离园后，积极协助教师打扫卫生，关闭门窗、水电等，做好离园善后工作。

（四）家长常规要求

1.凭接送卡与教师交接幼儿。

2.清点从教师手里交接过来的幼儿衣物、用品、药品。

3.主动了解幼儿在园的一日生活及身体情况，询问需要家长协助的事宜。

4.认真阅读教师发布的通知,根据需要和要求,带领幼儿准备好次日活动需要的用品、材料。

轻松撰写幼儿园各类文案

一、制订班级工作计划

(一) 学期工作计划、月计划与周计划

1. 制订学期工作计划的要点

学期工作计划是指导班级一个学期内各项工作全面、有效开展的规划。除了班级情况分析、保教目标、各阶段的目标和措施，班级学期工作计划中还可以包括家长工作、环境创设、游戏活动等内容，教师可以根据园所的要求和实际情况进行撰写。

(1) 班级现状分析

这一步是要明确"为什么做"，这是制订学期工作计划的依据。在制订学期工作计划之前，首先要分析班级幼儿的现状，如幼儿各个方面的发展水平怎么样、优势是什么、不足有哪些、重点需要加强的方面是什么等。只有充分明确幼儿的发展现状，才能制定出切实可行的方案。具体可以从以下三个方面进行。

① 对照上学期的总结，分析幼儿上学期的发展状况和教育目标完成情况。

② 先对班级整体情况进行分析，再按领域和项目依次进行分析。

③ 为了保证分析的真实性和准确性，既要兼顾整体又要兼顾个体，新生则可以结合幼儿的年龄特点和教师以往的经验进行分析。

（2）制定学期工作目标

这一步就是要明确"做什么"。根据班级现状分析，教师要制定整个学期的工作任务以及应该达到的工作指标。可以先定大的目标，再定具体的策略。制定学期工作目标时，要考虑每个领域的关键经验、幼儿的年龄及发展特点、本班幼儿的实际水平，从而确定班级本学期各项重点目标。教师在书写学期工作目标时，可以按领域或项目依次进行撰写。

（3）明确具体措施

这一步就是要明确"怎么做"。教师可以以月份或主题内容为线索，明确工作的方法和步骤，采取具体措施，保证目标和各事项的完成。具体措施是教师实现教育目标的手段、途径和形式，需要根据具体内容进行具体分析。

需要注意的是，制订班级学期工作计划的时候，教师可以根据对目标的理解、以往的工作经验、现有的参考教材选择确定。不过，计划不是一成不变的，需要在实践中进行修订和完善。

【案例】

幼儿园第一学期工作计划

年龄段	中班	教师姓名	×××
班级现状分析	班级共有××名幼儿，通过小班一学年的在园生活，幼儿在各方面都有了不同程度的提高。有的幼儿变大胆了，敢于在集体面前展示自己；有的幼儿每天能高高兴兴地上幼儿园，并能与同伴一起友好地相处、交往，也能用简单的礼貌用语与老师、同伴打招呼；有的幼儿掌握了正确洗手方法和用水杯喝水，具备了基本的自理能力；有的幼儿在活动中积极表现，专注力有了很大的提高……整个班级有着良好的精神面貌。		
学期工作目标	虽然班级整体表现较为良好，但也存在一些问题。有些幼儿在学习活动中，注意力不够集中，对于老师的提问没有		

续表

学期工作目标	积极回应，时常开小差；有些幼儿在区域活动中不遵守游戏规则，四处闲逛，有时还会破坏他人的游戏成果；饮水时，有个别幼儿不排队，且缺乏安全意识；进餐方面，一些幼儿挑食偏食现象严重，喜欢吃小零食；等等。 1.班级教师团结协作，针对幼儿实际情况，进行有针对性的指导，促进幼儿发展。 2.在教育教学上注重一日活动的规范与完善，通过各种形式的活动激发幼儿的求知欲望，引导幼儿主动有序地学习。 3.培养幼儿良好的卫生习惯、饮食进餐习惯和良好的睡眠习惯及穿脱能力，使幼儿的自理能力得到进一步提高。 4.用恰当的家园沟通方法，达到家园共育的效果，促进每个幼儿富有个性地发展。
具体措施	一、班务管理 1.班级教师之间团结协作，教育观念达成一致，坚持常规培养的一贯性。 2.定期开展班级会议，找不足、定措施，并认真实施。 3.营造良好的心理环境，以鼓励和正面教育为主，增强幼儿自信心，培养其创造能力。 4.从幼儿兴趣入手，小组教学和个别教育相结合，注重教学活动中的师幼互动。 5.做好家园联系，取得家长的信任与支持，建立良好关系，家园共育促进幼儿全面发展。 6.以一日活动中的安全为重点开展安全活动，提高幼儿的自我保护意识。 7.重视常规指导，培养幼儿养成自我服务的自觉性，建立为他人服务的意识。 8.注重幼儿体育锻炼，提高幼儿的身体素质。

续表

具体措施	二、领域任务 （一）健康领域 1.积极引导，使幼儿情绪稳定、愉快，感受到幼儿园生活的快乐，喜欢幼儿园集体生活。 2.优化生活常规，使幼儿形成较好的饮食、睡眠、盥洗、如厕等个人生活卫生习惯。让幼儿知道不挑食、常喝水，气温变化时知道增减衣服。 3.指导幼儿学习按顺序穿脱衣服和鞋袜，较有秩序地整理和摆放物品等。 4.开展安全教育主题活动，教育幼儿不玩危险物品和危险游戏，遇到危险时知道躲避和呼救。 5.帮助幼儿养成坚持每天锻炼身体的好习惯，促进幼儿体能的协调发展。 （二）语言领域 1.通过谈话活动，引导幼儿有礼貌地与人交谈，注意倾听别人的讲话，懂得别人讲话时不插嘴。 2.通过讲述故事，使幼儿能用较完整的语句进行表达，并大胆地在集体面前展示自己。 3.开展早期阅读活动，使幼儿逐渐能够一页一页地翻看书，养成正确阅读的好习惯。 4.用普通话与幼儿交流，引导幼儿学习普通话，愿意使用普通话。 （三）社会领域 1.通过角色扮演游戏，让幼儿乐于与人交往和合作，有初步的合作、互助、分享、谦让意识。 2.组织丰富多样的各类活动，使幼儿感受、体验集体生活的乐趣，能愉快、积极地参加各项活动。 3.建立值日生制度，为幼儿创造为自己、他人服务的机会，培养幼儿初步的任务意识和责任感。 4.拟定班级公约，让幼儿学会遵守班级的规则，能够整理

续表

具体措施	自己使用的物品，爱护公物。 5.通过实践活动，让幼儿学会尊重长辈、老师，学会和同伴友好相处。 （四）科学领域 1.在日常生活中引导幼儿有目的地观察周围的变化，乐于发现周围环境中有趣的事物和现象，并与他人共同分享发现的快乐。 2.通过种植活动，引导幼儿关注周围自然环境，初步了解自然与自己生活的关系，有初步的环保意识。 3.利用幼儿好奇、好问的特点，使幼儿能积极参加探索、操作活动，感受数、量、形、时间、空间，在生活中学数学。 4.通过各种科学教育活动，引导幼儿关注科技发展，对科学技术感兴趣。 5.引导幼儿关注生活中常见的科学现象，萌发科学意识。 （五）艺术领域 1.根据不同的环境播放不同风格的乐曲，引导幼儿感受不同风格的音乐带来的美。 2.通过说念儿歌、唱歌曲、律动游戏，让幼儿感受节拍、节奏的变化，提高幼儿对音乐节拍、节奏的掌握水平。 3.鼓励幼儿自主地使用一些简单的美术工具和材料，表现、塑造简单的物体形象。 4.引导幼儿尝试根据身边的物品、废旧材料进行想象和制作一些简单的玩具。 5.引导幼儿积极参加艺术活动，感受并喜爱生活环境中的美。 6.引导幼儿用自己喜欢的方式进行艺术创造，培养幼儿艺术活动的良好习惯。 三、家长工作 1.运用多种形式与家长沟通，及时向家长反映幼儿在幼

续表

具体措施	园的情况，取得家长的密切配合。 2.定期开展小型家长会，让家长了解新的主题活动，配合做好幼儿园教育工作。 3.根据实际情况开展亲子活动，指导家长提高科学育儿能力。 4.根据需要举办家长开放日活动，让家长了解幼儿的活动情况，达到家园共育目标。 5.定期进行家庭教育指导的相关培训，提高家长更为科学地实施家庭教育的能力。

2. 制订月计划与周计划的要点

月计划是学期计划的分解计划，是实现学期目标计划的实际步骤。它包括上月情况分析、本月各领域的重点目标、主要活动措施及活动内容、环境创设要求、家长工作等要素。周计划是一周之内全部教育活动及相关工作的具体方案，是当月工作计划中某些内容的具体化。周计划是将月计划分解到各周逐步完成，进一步明确工作要求、内容、措施，将一般常规工作和重点工作有机结合起来。

制订月计划和周计划的注意事项包括以下几个方面：

(1) 具体化

具体化是月教育目标和周工作目标顺利实现的必要条件。教师在制订月计划、周计划时，要确定计划的重点目标，内容要具体、细化，不仅要体现课程规划的功能，还要兼顾幼儿生活、运动、游戏、家园共育等活动，并做到及时反馈与调整。

(2) 适宜性

月计划和周计划的目标和内容要恰当。教师在制定目标时，不易过大，应适宜本月或者本周实现。筛选活动内容时，要围绕达成每个领域、每个主题活动的目标来进行，体现连贯性，以展现幼儿动态的发展。

(3) 多形式

月计划、周计划的制订，可探索多形式化，从而凸显出园所的教育特色、班级重点内容。

【案例】

幼儿园逐月工作计划

2—3月

1.做好开学各项准备工作，制订学期计划和实施要点。

2.做好新生入园的指导工作，具备应对各类幼儿哭闹的能力。

3.幼儿园向各班分发所需的教玩具、学习用品、清洁消毒材料、备课笔记本等。

4.创设符合季节特点和学期学习要求的教育环境。

5.召开新学期家长会，告知家长新学期幼儿园的工作重点。

6.预防春季传染病，制定应急预案。

4月

1.根据幼儿认知特点和心理发展水平，积极引导幼儿观察春季特征，感受动物、植物、气温等的变化。

2.加强春季卫生保健，加强空气消毒工作，预防上呼吸道传染病。

3.组织春游，活动中要注意安全，教育幼儿保护环境。

4.制定教研实践活动的评议标准，组织教师学习有关理论或开展教研活动。

5.各班开展各具特色的家长开放日活动。

6.各班或全园开展春季运动会。

7.开展迎接五一劳动节的教育活动，培养幼儿的劳动意识。

8.开展清明节相关的主题教育活动。

5月

1. 做好一年一度的幼儿体检工作。
2. 深入开展教研活动，根据研究重点进行有针对性的交流，提高教师的保教技能。
3. 开展丰富的游戏活动。
4. 提前做好防暑降温工作。
5. 策划六一儿童节的活动方案，排练相关节目。

6月

1. 开展六一儿童节联欢活动。
2. 开展夏季卫生保健，预防肠道传染病。
3. 开展防溺水安全教育活动。
4. 策划大班毕业活动，制作毕业礼物。
5. 安排应季种植活动。
6. 开展端午节传统文化教育活动，并创设相关主题环境。

7月

1. 开展大班毕业欢送会，赠送毕业纪念品。
2. 指导家长科学安排幼儿的假期。
3. 做好学期总结工作。
4. 安排假期值班工作。
5. 部署新学期招生工作。

8月

1. 安排提高教师专业能力的假期培训计划。
2. 进行新生入园的登记工作、家访工作。
3. 创设新学期教育环境。
4. 制订新学期工作计划。
5. 新学期物品的采购和发放。

9月

1. 召开新学期全体教职工工作会议。

2.开展幼儿园安全常规检查。

3.进行新教师培训工作。

4.做好新生入园的指导工作。

5.准备中秋节、教师节的教师福利，创设相关主题环境。

6.组织开展中秋节、国庆节教育活动。

10月

1.继续开展爱祖国的教育活动。

2.充分利用秋季特点开展活动，并创设相关主题环境。

3.组织秋游活动，活动中要注意安全，教育幼儿保护环境。

4.组织秋收活动，让幼儿体验收获的快乐。

5.开展秋季运动会。

6.制订教科研计划，将理论学习与教学活动结合起来。

7.根据需要举办家长开放日活动。

8.开展重阳节主题活动，并创设相关主题环境。

11月

1.完善各岗位规章制度和工作职责，强化园内规范管理。

2.加强教师对教育案例、教育教学的反思能力，提高业务素养。

3.做好流感的预防工作，根据天气情况，提醒家长为幼儿及时增减衣服。

4.做好全园的安全、卫生、冬季幼儿保暖、消毒工作记录、检查。

12—1月

1.做好冬季传染病的预防和隔离工作，要注意室内空气流通和定期消毒。

2.利用冬季特点，开展相关主题活动、创设教育环境。

3.开展冬至传统文化教育活动及手工小制作。

4.进行迎新年"长大一岁"的教育活动。

5.开展迎春节主题教育活动及环境创设。

6. 撰写期末评语。

7. 召开期末家长会，汇报幼儿的成长与变化。

8. 进行年度总结与表彰工作。

9. 进行寒假安全、春节礼仪教育。

（二）一日常规工作计划

幼儿园一日常规工作主要包括入园、离园、自由游戏、教育活动、生活活动、户外活动、区角活动等基本活动，以及串联一个活动和另一个活动的过渡环节。班级一日常规工作计划的制订，有利于一日活动中各环节教育价值的充分发挥，使各环节有机配合形成合力，达到整体大于部分之和的效果。制订班级一日常规工作计划也能够提高教师工作的效率，提高教师在工作过程中的执行率，减少工作失误。作为一名合格的幼儿园教师，制订一份科学合理的一日常规工作计划是非常必要的。一日常规工作计划可以以表格的形式详细列出，方便教师更高效地工作，具体形式可参见下表。

幼儿园一日常规工作计划表

班级：	教师姓名：
一日常规	要 求
入园	
早操	
进餐	
盥洗	
区域活动	

续表

一日常规	要　求
集体教学	
户外体育	
离园	

幼儿园的生活中，处处蕴含着有价值的教育内容。教师可以随机将这些内容纳入计划，生成课程，这既可以看作教育生活化，也可以看作生活教育化。一日活动组织过程中有很多不确定性，很难准确预测，需要教师在与幼儿的交往中根据情况做出适当的反应。幼儿的年龄特点决定了他们的注意力集中时间较短，这就要求教师要根据幼儿的不同需求安排适宜的活动，灵活多变的活动能满足幼儿多方面发展的需求，给予幼儿不同的支持。

二、设计活动教案

教案是教师实施教学的主要依据，是教师根据课程标准的要求，理论结合实际去组织教学的具体计划。在日常教学工作中，撰写教案是备课的重要环节。教案如果写得好，目标明确、条理清晰、层次分明，那么在教案的实施过程中，就能得心应手、有条不紊、中心明确。

（一）教案的组成部分

教案通常包括活动名称、活动目标、活动准备、活动过程、活动延伸、活动评价几大部分。

(二) 教案的设计要点

1. 活动名称

活动名称就是教育活动的名字。活动名称要写清楚教育活动的类型、适用于幼儿的年龄阶段、具体的内容。活动名称一定要符合幼儿的认知水平和特点，要新颖有趣，能简单概括地反映出教育活动的主要目的和内容。

2. 活动目标

活动目标的确定是活动设计的首要环节，它将影响整个教育活动的方向，对教师在教育活动中的言语、行为起着指导作用，对活动结束后的反思与评价起着指标作用。教师应该根据幼儿的发展水平来确定活动的具体目标，然后根据目标选择教学内容，进而选择合适的教学方法和形式。

教育活动目标要具体、明确、有针对性，本次活动要传授、激发幼儿哪些基本的技能和技巧，要培养幼儿的哪一种情感，都要有较明确的说明，否则教育活动目标就失去了它的指导作用，使得活动组织起来比较困难。在目标的表述上要注意简明、清楚，要用特定的术语描述幼儿在活动前后的变化，以便于检测。

常用的目标表述角度有：

① 从教师的角度表述

此表述角度主要指明教师应该做的工作或应该努力达到的教育效果。例如：使幼儿体验到在幼儿园生活的乐趣，以及靠自己能力行动的充实感；帮助幼儿同周围的人们主动交往，培养幼儿对他人的友爱之情和信赖感；启发幼儿感受美和表现美的欲望和能力。

② 从幼儿的角度表述

此表述角度主要指明幼儿通过学习应该达到的发展程度。例如：知道简单的安全和保健知识，并且能够在生活中正确运用；喜欢参加游戏和各种有益的活动，在活动中快乐、自信；注意倾听对方的讲话；等等。

3.活动准备

活动准备是指在活动之前，教师和幼儿应该做好的准备，包括物质方面的准备和知识经验方面的准备。活动准备是教育活动设计必备的环节之一。

① 物质方面的准备

例如：活动需要的多媒体设备、图片、音像资料等，有的活动还需要一定的场景布置。

② 知识经验方面的准备

针对幼儿目前所处的水平，教师要充分考虑幼儿已有经验，以及在活动中需要提前进行渗透和铺垫的内容，使幼儿通过活动能够将已有经验调动起来，然后建立起新的经验。

4.活动过程

活动过程是教学活动的主要环节，活动过程要层层递进，如：感受—理解—体验。

活动过程一般包括导入部分、展开部分、结束部分三个环节。

① 导入部分

活动的导入部分主要是为了吸引幼儿的注意力，抓住幼儿的兴趣，营造良好的活动氛围。导入部分有一些常见的形式，如直观导入、设置疑问导入、情境表演导入、游戏导入、作品导入、音乐导入、经验导入。

② 展开部分

活动的展开部分是整个教育活动的主体环节，教师在活动方案的书写中要着重说明如何引导幼儿积极参与到活动中、如何具体落实活动的目标和发展幼儿相应的技能。

可以分为三个阶段展开内容：

第一个阶段：教师面向全体幼儿，综合运用讲解、演示、游戏等多种方式，启发幼儿思考。

第二个阶段：在教师引导下，幼儿通过小组讨论发现问题，寻找规律，探讨解决问题的办法，并进行个别发言或操作。

第三个阶段：在教师的组织下，提供一定的生活场景，让幼儿进行实践联系，掌握实际的技能技巧。

需要注意的是，教育活动的内容要符合幼儿的年龄特点和实际水平，贴近幼儿的生活，尊重幼儿已有的经验，符合幼儿的兴趣及发展需要，能够被幼儿理解，并有一定的挑战性。教学方式方法要灵活、适宜，重视幼儿的学习过程，尊重幼儿的学习方式和特点，鼓励支持幼儿通过直接感知、实践操作和亲身体验进行学习探索。教师能根据幼儿的反应适时调整教育活动，能用适宜的方法突出重点，突破难点。教师要依据活动目标设计提问，并体现层次性。在活动过程中，教师指导语与提问的呈现方式非常重要，要体现师幼互动中教师的有效支持，要能推进幼儿积极思考和探究。

③ **结束部分**

活动的结束部分，教师应该注意引导幼儿对活动中获得的经验进行归纳，分享情感体验，深化活动的效果，教师和幼儿共同对活动进行小结。教师通过回顾、总结、概况、归纳、评价等行为，可以帮助幼儿将所学知识技能、体验等归纳、系统化并进行迁移，不但能给幼儿留下回味和留恋，还能激发幼儿继续研究、探索的欲望。

5. **活动延伸**

活动延伸是指活动结束后，教师准备通过哪些途径使幼儿在活动中获得的经验得以延续和巩固。教师可以根据不同的教学内容设计不同的延伸方法，比如：

① 延伸到下一个活动。

② 延伸到区域活动。

③ 延伸到家庭教育中。

④ 延伸到日常生活中。

6.活动评价

前面五项是在活动开展前需要完成的,活动评价是在活动开展后进行的。活动评价主要是教师根据制定的评价指标对本次活动进行评价和反思,分析成功之处和存在的不足。教师要适时组织幼儿进行活动总结,引导幼儿归纳出自己在活动中的感受、收获和认识,同时教师进行适当的点评,帮助幼儿学习总结经验、提升认知水平。

(三)教案的表现形式

1.文字描述式

文字描述式就是全部内容均以文字形式展现,可分简案和详案两种。

2.表格式

表格式撰写教案是一种常见的形式。

【案例】

活动名称	中班体育活动:看谁跳得多
活动目标	1.能初步掌握跳绳的动作要领,乐于探索绳的不同跳法。 2.发展动作的协调性,锻炼跳跃能力,具有一定的挑战意识,勇于尝试。
活动准备	物质准备:跳绳、小班第二学期的跳绳记录表以及空白记录表。 经验准备:上小班时有跳绳经验。
活动过程	1.谈话导入。 ——小朋友们对跳绳并不陌生,谁还记得上小班时自己跳绳能跳几个? ——有小朋友说跳绳很困难,那么有没有勇气挑战一下呢? 小结:跳绳这一运动对于小班来说是有困难的,需要眼、手、脚、身体各个部分的共同配合。到了中班,幼儿已具备了足够的能力玩此项目。在小班时没有成功跳起来的幼儿会有些退

活动过程	缩，但在老师和同伴的鼓励下能够勇于尝试。 2.自由摸索跳，活跃气氛。 ——教师带领幼儿列队进行热身运动，进行转体、上肢舒展、双腿跳跃等动作练习。 ——幼儿自由摸索跳绳跳法，活跃气氛。 小结：通过热身运动，活动幼儿各个关节和肌肉群，避免在跳绳过程中扭伤、拉伤。让幼儿自由摸索跳绳玩法，可吸引幼儿投入其中，也可以缓解跳绳困难的幼儿的焦虑。 3.出示幼儿小班下学期的跳绳记录表，引导幼儿学会初步观察比较。 ——看看这是什么？这是你们上小班时的跳绳记录表。我刚刚看了看，有的小朋友好厉害，上小班的时候就能跳好几个了，那么其他小朋友服不服输呢？ 小结：幼儿具有不服输的特点，通过激将法会激发起他们的斗志，个个跃跃欲试。 4.进行分组比赛，教师在一旁做记录。 小结：事实证明，幼儿的潜力是无限的，有的能跳几个，有的能跳十几个，还有的能跳更多。连之前一个也没有跳起来的小朋友，经过不断尝试，也终于挑战成功，脸上挂满成功的喜悦。
活动延伸	探索跳绳的新玩法，挑战多人跳绳。
活动评价	《纲要》健康领域指出："幼儿园要开展丰富多彩的户外游戏和体育活动，培养幼儿参加体育活动的兴趣和习惯，增强体质，提高对环境的适应能力。"本次活动循循渐进，先是让幼儿自由摸索，后采取比赛形式，满足幼儿身体发展需要，培养了幼儿勇于挑战自己、不怕困难的品质。

三、撰写观察记录

观察是幼儿教师走进幼儿心灵的主要手段，写好幼儿园观察记录是幼儿教师分析幼儿行为背后原因的一条通道，同时也是幼儿教师更

轻松撰写幼儿园各类文案

好地了解幼儿的重要途径。观察记录为教师的因材施教提供了依据，没有科学有效的观察记录，就难以对幼儿进行正确的引导。学会科学地观察幼儿，分析并记录幼儿的发展情况，提供支持性策略，是每个幼儿教师都必须掌握的教育技能。

《幼儿园保育教育质量评估指南》要求能够"根据一段时间的持续观察，对幼儿的发展情况和需要做出客观全面的分析……"，意味着教师的观察需要以评估幼儿发展水平为目标，不仅要记录、分析幼儿游戏，还要能够依据一定的目标和要求对幼儿行为作出评价，以促进教师专业能力的提升。

（一）观察要点

教师对幼儿的观察伴随着幼儿园一日生活随时随地发生着。观察的种类很多，观察的内容可从以下几个方面进行。

1.观察游戏的主题，如游戏主题如何生成，主题的稳定性如何等。

2.观察幼儿游戏的角色，即幼儿游戏中有角色分配吗？是怎么分配的？角色分配过程中是否有冲突？是怎么解决的？幼儿的角色意识如何？角色扮演的水平如何？等等。

3.观察幼儿对材料的选择和运用，如游戏过程中幼儿喜欢选择和使用哪些材料？是怎样使用的？使用材料时是否表现出一定的创造性？是否有更多的以物代物的假想性游戏行为？是否能灵活地处理材料不足的问题，等等。

4.观察游戏情节的发展，如幼儿游戏过程中有哪些情节变化？每次情节变化的诱因是什么？游戏内容是否丰富，等等。

5.观察游戏中幼儿的语言运用和交往行为，如幼儿在游戏过程中的表达和交流如何？同伴关系如何？游戏中是主动的还是被动的？遇到矛盾冲突时有什么表现？是否能采用协商、轮流、适当妥协等方式化解矛盾，等等。

6.观察幼儿游戏的持续时间与游戏兴趣，如幼儿的游戏时间持续

的长短如何？持续多久后开始转移的？游戏过程中表现出的投入程度如何，等等。

7.观察幼儿对游戏规则的理解和遵守，如幼儿在游戏过程中是否能控制自己？是否自觉地遵守游戏规则？若因为缺乏规则导致发生冲突，幼儿是否能通过协商来确定游戏规则？等等。

（二）观察记录的构成

1.观察时间、地点

记录观察时间有助于教师更好地评价幼儿在园内的行为。记录观察地点，是因为这是幼儿各种行为发生的背景之一，幼儿在室内和在户外的行为有很大的差异。

2.观察对象、记录人

教师在书写观察记录时，要写上观察对象、记录人，这样有助于他人了解观察记录的基本信息。

3.观察内容

观察记录的内容是观察记录最核心的部分，教师应客观、准确地描述幼儿在幼儿园某个行为发生的全过程。

4.解读幼儿行为

客观描述幼儿的行为之后，教师应对幼儿的行为进行专业的分析。

5.支持策略

在解读幼儿的行为后，教师应该对自己创设的环境、提供的材料、介入的指导等进行反思，寻找存在的问题，并探寻后面继续支持幼儿发展的具体策略。

教师需要常思常学，不断提升自己。通过这样的观察、记录、分析、总结，教师对自身的教育行为不断反思，在工作中不断改进，尝试用专业的眼光持续地对自身的教育行为和现象做出审视和调整，可以使自身保持一份专业的敏感性，从而提高专业能力。

（三）记录的方法

1. 叙事法

叙事法有两个侧重点，一个重在现象，另一个重在幼儿的行为。叙事法要求是完整的、全过程的，要交代幼儿行为的背景、行为和结果，这是一种连续性的记录。

2. 表格记录法

表格记录法易操作，可以用来比较幼儿群体或个体的发展水平，并能重复使用，能看出幼儿的游戏水平是否有所进步。这种记录方式可以根据预先设计好的表格对游戏进行记录。

【案例】

幼儿园游戏观察记录

班级：大（1班）		记录人：李老师	记录日期：××年××月××日
观察地点	建构区	游戏名称	漂亮的公园
观察实录	\multicolumn{3}{l}{幼儿们早早来到了建构区，昊昊提议建构公园，得到了其他几位小朋友的赞同。他们开始画分布图，分布图完成后，就开始搭建公园。可是在搭建过程中，几名幼儿发生了纷争，都想争抢材料。 依依说："你们不要抢，游戏没法玩了。" 昊昊看大家没反应，过去跟争抢材料的露露和玲玲说："我们来说一下。" 露露说："玲玲总是学我，我拿材料她也拿材料，我搭公园她就在我旁边插手。" 玲玲看了看露露没说话。 依依说："咱们分一下工吧。" 昊昊附和："对，咱们分一下工，这样就不会乱了。" 经过商量，他们明确了分工：昊昊搭建建筑物，依依搭建河流，露露、玲玲布置花园……合理分工后的建构现场热闹而有序，他们各自负责各自的事情，没再出现争抢材料的情况。}

续表

观察实录	通过合作，他们不断探索，不断修正，一座漂亮的公园搭建出来了。
幼儿行为分析	昊昊在小团队中起到带头作用，他先是建议大家建构公园，然后带领大家画分布图，当同伴出现争抢材料的现象时，他站出来协调。 依依在小团队中充当小智囊的角色，当露露和玲玲出现纷争时，依依想到合理分工的办法解决了问题。 露露和玲玲是小团队中的配合者，一个团队需要各种分工，她们的配合使建构公园的任务得以顺利进行。
支持策略	游戏中教师适宜的指导会促进游戏的深入开展，提高幼儿的游戏水平，但不恰当的指导也会阻碍游戏的进行，挫伤幼儿游戏的积极性和主动性。本次游戏中，当幼儿出现矛盾时，教师并没有打扰幼儿的游戏，而是做一名观察者等待幼儿们自己解决问题。通过这次案例可知，教师需要注意提供丰富、适宜的材料，以支持幼儿主动游戏的深入开展。本次案例中的材料提供有待进一步丰富，丰富的材料可以使幼儿充分发挥想象力，建构出更完整和更多功能的作品。游戏结束后，教师也要注意对幼儿的游戏行为进行评价，游戏评价应突出重点，针对性强，既是对游戏内容的深化，也对幼儿建构技巧的提高及游戏品质的形成起到良好的推进作用。

四、撰写教育随笔

教育随笔没有格式限制，文字可长可短，形式可以是案例故事、教学心得、读书笔记等，这些都属于教育随笔的范畴，就是教师把自己的所见、所闻、所思记下来，形成文字。作为一名幼儿教师，写好教育随笔是必备的基本功之一。

那么幼儿教师要如何写好教育随笔呢？

轻松撰写幼儿园各类文案

1.观察幼儿，记录鲜活的案例

想写好教育随笔必须要多观察幼儿，将幼儿一日活动中有价值的事情记录下来。教师生活在鲜活的教育经历中，撰写教育随笔可以保留珍贵的文字材料。长久进行教育随笔的记录，可以形成自己独特的教育方法。幼儿一日活动中一个个鲜活的故事、一幅幅真实的画面，都可作为教师书写教育随笔的素材，形成一个个鲜活的案例。

【案例】

幼儿园里有一条小路，幼儿们经常从这里经过。后来小路的一旁新增了鹅卵石，感兴趣的小朋友经常扒拉那些鹅卵石，导致一些鹅卵石被丢在小路中间。有时候小朋友们不小心会被小路中间的鹅卵石硌到脚。有一天，诚诚一个个捡起那些散落在路中间的鹅卵石，被老师发现后，诚诚笑着说："这样小朋友就不会弄到脚了。"

2.教学反思，促专业成长

教师的专业发展是一种自我反思的过程，反思能帮助教师把经验和理论联系起来，从而更加有效地施展自己的专业技能。教师写随笔是一种非常好的反思自我、提升自我的方式。教育随笔是教师提升教育反思能力的一种重要载体，在书写教育随笔的过程中需要思考、写作和阅读，专业能力于细微之中得到提升。如教学反思的过程，就是教师借助行动研究，不断提升教学实践的合理性，不断提高教学效益和教科研能力，促进教师专业化的过程。教学反思的撰写，可以指导教师以后的教学工作和科研工作，有利于个人的提高与发展。

【案例】

今天，我第一次上公开课，既紧张又有意义，收获颇丰。在准备公开课之前，我得到了前辈老师们的帮助，给我启发，指点我如何做。由于小班幼儿年龄小，游戏是他们最喜欢的学习方式。本次公开课活动中，我以游戏为主，结合谈话、操作、观察等多种方式提高幼儿参加活动的兴趣，并运用幼儿已有的生活经验，使活动达到预期的

071

效果。这也使我明白，设计活动时，一定要考虑到幼儿的发展水平和学习特点，对照《指南》中对幼儿学习与发展的目标要求，注重激发幼儿主动探索的兴趣，增加游戏形式和游戏内容，变沉闷的课堂说教为鲜活有趣的主动探索，这些都是很重要的。为了这次活动，我精炼每一句话、每一个提问，力求简洁易懂、便于幼儿接受。然后我与幼儿欢乐地游戏在一起，不仅收获了幼儿们的喜爱，也体验到了成功的喜悦，这些对我今后的学习与提升也是宝贵的经验。

3.常阅读，多写读书笔记

撰写读书笔记，可以加深对文章内容的理解与记忆，俗话说："好记性不如烂笔头。"读书笔记是记忆的贮存器，可以弥补脑力的不足。撰写读书笔记也可以为自己积累素材，将来在教学中得以运用，同时还可以提高写作能力，为将来科研写作打基础。

阅读能够去除内心的浮躁，让一颗心沉浸在文字宁静的世界里，给心灵以慰藉和滋润。还能去除内心的空虚，让一颗心在知识的海洋中渐渐丰盈、充实起来。人们在阅读书籍或文章时，遇到文中精彩的部分或好词佳句，常会有感而发，产生一些共鸣或感悟。作为一名幼儿教师，读书可以帮助教师改变思维方式、扩大教育视野、增长教育智慧、促进专业发展，可以在阅读中不断提升自我、完善自我，并享受读书之乐。

【案例】

为了提升一线教师的专业能力，幼儿园每周会有读书分享活动，本周我阅读的书是《做一名有进取心的幼儿教师——幼儿教师专业成长故事50例》。这是写给一线幼儿教师的成长励志读物，一篇篇情感真挚的成长故事娓娓道来。从"新手型"教师的成长故事中，我看到了努力与坚持；从"经验型"教师的成长故事中，我看到了智慧与担当；从"学习型"教师的成长故事中，我看到了追求与梦想。在平凡朴实的日常小事与真挚感悟中，让我感觉她们就是我，我就是她们。

我与她们一样,热爱幼儿、热爱幼教。我会坚持阅读,养成阅读的习惯。读书使我内心更加富足、专业能力更加娴熟,我会像书中的"她们"一样,做一个不断追逐明天的幼教人。

幼儿园新教师入职指导手册

精心创设幼儿园教育环境

幼儿园教育环境是指在幼儿园中对幼儿身心发展产生影响的各种物质与精神要素的总和。它既包括幼儿园的园舍建筑、设施设备、室内外活动场地等相关物质性的东西，又包括教师的教育理念、教育行为、人际关系等各种精神要素。

幼儿园教育环境的创设是幼儿园教育重要的课程资源，幼儿园应为幼儿提供健康、丰富的生活和活动环境，满足他们多方面发展的需要，使他们在快乐的童年生活中获得有益于身心发展的经验。

一、幼儿园精神教育环境的营造

幼儿园精神教育环境主要是指幼儿园的人际关系及一般的心理气氛等。具体体现在幼儿之间、师幼之间、教师之间和谐的人际关系和精神氛围，对幼儿发展的影响是极其深远的。

师幼关系是幼儿在幼儿园中的主要人际关系之一，良好的师幼关系有利于幼儿心理健康的发展。在幼儿一日生活当中，教师要经常与幼儿展开积极、友好的对话，要尊重、支持、接受幼儿的情感态度和行为，以使幼儿对教师形成积极的情感依恋。与此同时，教师的角色也不应该是传统教育中常规的灌输者、幼儿行为的纠偏者，而应该是促进幼儿成长的引导者。教师也应善于发现、关注生活中的细节，对幼儿给予及时、具体的表扬，既让幼儿感受到老师的关注，又使其获得积极的行为体验。

精心创设幼儿园教育环境

同伴关系是指幼儿之间相互联系而构成的一种人际关系。好的同伴关系，能让幼儿产生积极愉快的情绪反应，有利于形成和发展积极的自我概念，增强合作性行为，是促进幼儿心理健康发展的重要精神环境。幼儿园要为幼儿之间的交往创造各种机会，如经常变换座位，以便让全班幼儿互相熟悉，帮助他们找到自己的好朋友。玩游戏时，允许幼儿自由就座，自由选择伙伴，以促进彼此的交往。还可组织庆祝节日、春游等活动，不仅可以使幼儿之间多接触交往，更重要的是使他们增进相互之间的了解和认识，进而懂得人与人之间、人与集体之间的关系，学会与人沟通的技巧，从而形成良好的同伴关系。

幼儿的发展并非单纯受幼儿园一种环境的影响，他们同时还接受来自其他大大小小的各种环境的影响。从幼儿发展角度来说，教师和家长都是他们成长历程中的重要他人，两者对幼儿的影响是同等重要而且缺一不可的。教师与家长之间如果能建立起相互信任、相互支持、相互依赖的合作伙伴关系，家园合作教育，将会对幼儿身心健康发展起到事半功倍的效果。

二、幼儿园物质教育环境的创设原则

1. 安全性

安全性原则主要是指幼儿园的园舍建筑、设施设备、活动场地、玩教具等有形的物质条件必须符合相关卫生标准和安全标准，对幼儿的身体或心理没有危险和安全隐患。安全的幼儿园物质教育环境是幼儿发展的必备条件，只有在安全的环境里，幼儿的生命健康才能获得保障，才能获得自由、快乐的发展。

2. 适宜性

幼儿园物质教育环境的创设是幼儿园课程的一部分。幼儿正处在身体、智力迅速发展及个性形成的重要时期，幼儿园的所有物质条件都要从保障和促进幼儿身心健康发展出发，要与幼儿园教育目标相一致，要有利于教育目标的实现。幼儿园物质教育环境的创设要适合幼儿年龄特点和个体差异，使每个幼儿都有可能在其中获益，能在原有水平上得到应有发展。

3. 主体性

在幼儿与环境的交互作用中，他们的参与度如何，将直接决定环境作用发挥的程度。因此在环境创设中，要避免让教师唱独角戏，而应该充分发挥幼儿的积极性，让其踊跃参与到环境创设中，从主题的确定、环境的布置、材料的制作等方方面面都要让幼儿亲自动手参与，使幼儿乐在其中。

4. 经济性

幼儿园物质教育环境的创设，要提倡"低费用、高效益的经济性原则，不仅要勤俭节约，还应因地制宜，充分利用周围资源，就地取材。在保证清洁卫生、安全的前提下，废物利用，不浪费宝贵资源。

三、幼儿园物质教育环境的装饰技法

1. 绘画装饰技法

常见的绘画材料有国画颜料、水粉、水彩、丙烯、油画颜料、油画棒等。水粉、国画颜料、油画棒的色彩保存度不是很好，只适用于经常更换主题内容的环境装饰。丙烯和油画颜料的色彩保存度相对较强，适用于不轻易更改的大环境装饰。

绘画装饰技法的主要特点是：装饰效果平面化，装饰材料常见易找，表现方法简单便捷，适用于各类活动环境的表现。

2. 手工装饰技法

手工装饰技法灵活多样，较常见的表现形式有：镶嵌技法、材料粘贴技法。具体的技法各具特色，如吹制法、转印法、蜡笔排水法、喷绘法、敲洒法和刮色法等，都是利用各种材料的特性和独特的方式进行表现的。

手工装饰技法的主要特点是：装饰材料多源自生活中常见的、安全可用的废旧物品，需用心收集并进行二次加工处理才可用于创作使用。装饰效果相对抽象立体，装饰趣味浓厚，能够激发幼儿进行手工创作的兴趣。

3. 综合装饰技法

综合装饰技法，即通过绘画与手工相结合进行创意绘制装饰作品。利用综合装饰技法创设的环境，既能突出绘画装饰技法的鲜艳色彩，又具备手工装饰技法的立体生动，装饰效果风格突出、特色明显，但其创作过程相对前两种技法而言要复杂些。

四、幼儿园物质教育环境的创设要点

1. 门厅

门厅一般比较宽敞明亮，色彩多以鲜艳、明快的色调为主，且风格多变，可以考虑采用大型装饰壁面。壁画内容既可以是幼儿的绘画、剪纸和手工作品等，也可由专业人员设计制作，还可以设置橱窗、展柜，使人们可以驻足观赏。

2. 走廊

幼儿每天都要多次经过走廊，在走廊展示的内容可多次、反复作用于幼儿。因此，可以陈设一些对幼儿学习、生活有帮助的科学的小知识，也可根据幼儿的兴趣装饰出不同的主题环境或美化走廊，愉悦幼儿身心。

3. 楼梯

楼梯是上下楼的主要通道，它由台阶、护栏和楼层的转厅构成。在这里会有大块的墙面，沿着墙面可以悬挂生活小常识、故事图片、活动照片、亲子作品等，以增加艺术作品的展示空间。沿着楼梯墙面，可以设立画廊、悬挂各种工艺美术品，还可巧用塑料花或装饰植物来点缀，增强艺术效果和生活气息。

4. 室内主题墙

幼儿园班级室内主题墙饰是以幼儿为中心的环境教育，是一种潜在的课程。丰富的主题墙内容可以激发幼儿的好奇心，促进幼儿之间的相互交流和探索。主题墙饰的教育功能与审美功能是并存的，在墙饰创设的过程中，幼儿通过设计不同的造型、布局内容、色彩搭配等，潜移默化地受到影响，从而不断增强艺术感受力与表现力。

（1）边框制作

① 利用幼儿手工作品

幼儿的作品是非常好用的材料，只要是轻质的、好粘贴的、占地不大的，都可以作为边框来用。例如：一次性纸盘作品、小动物造型、用彩色玻璃纸做成的大糖果，不仅可以做主题墙的边框，还能用于各种节庆场合。

② 巧用花式胶带或自然物

花式胶带印有漂亮的图案，轻轻一贴就能得到不错的边框。在贴花式胶带的时候，如果能注意到层次感就更好了。如果想营造立体感，可以在每层胶带之间加入泡沫垫高。自然物自带自然美，合理利用自然物不仅环保，而且对幼儿成长非常有帮助。例如：用牛皮纸做成栅栏、纸盘做成南瓜，按照这个思路以审美的视角投向自己身边的物品，让生活中的每个琐碎细节都能为环境创设服务。

③ 就地取材

将幼儿的照片绕着边框贴一圈，绚丽的花边就出现了。知识卡片也可以按照这个思路处理，不仅做了边框，还能学习知识。用绘本的书壳制作边框，不仅可以美化边框，而且可以激起幼儿的阅读兴趣。

（2）造型设计

① 简化法

简化法是在不失自然形象特征的前提下，力求达到造型上的简洁与单纯。在变化中要做到精心选择、删繁就简、净化提纯，创造出整体美感强的图案形象。

② 夸张法

夸张法是在简化法的基础上，抓住物象的典型特征，突出强调形与神的美感，以达到主题鲜明、感染力强的审美效果。除了外形夸张外，动态夸张、神态夸张也是常用的夸张变形手法。

③ 添加法

添加法是在简化或夸张的基础上，把具有典型特征的形象合乎情理地与其结合在一起，充实与美化图案形象，达到构图饱满、变化丰富、主题鲜明、装饰性强的审美效果。例如：可以在主题墙贴上好看的纸板或搭配麻绳，装饰小清新的自然物或者仿真自然物，顿时体现出原木色小清新的风格。

④ 拟人法

拟人法即将物象的形态、动作、神态等进行拟人化处理，使之成为幼儿喜爱的形象。

⑤ 求全法

求全法是指把违反常规的事物组合在一起，使其具有美好寓意。例如："摘水果"主题墙饰将不同种类的水果组合在一棵树上，打破时间和空间的局限，满足了幼儿追求完美的愿望。

⑥ 几何法

几何法是指抓住物象的特征，根据工艺制作和设计要求，把变化的物象处理成几何形，如三角形、圆形、方形、折线形、弧线形等。

5. 室内活动区

幼儿园室内活动区，是将活动室的空间划分为不同的区域，如美工区、科学区、角色扮演区等，并在活动区中投放具有教育意义的活动材料，让幼儿自主选择活动区域，幼儿通过操作材料和与同伴的互动，获得学习与发展。

（1）活动区的空间利用

活动区的面积要恰当，空间的大小会对幼儿的活动产生一定的影响。如果活动区的面积过小，就容易造成幼儿之间的行动不便，引起他们的争吵甚至是身体的攻击。但如果活动区空间面积过大，也会造成幼儿互动交流减少，所以要根据活动区人数的多少恰当地布置空间。有些幼儿园室内空间太小，造成活动区的空间不足，或者是活动区的种类太少。除了利用好室内的空间，还可以利用好"半室外"的空间，如阳台、走廊等。

（2）活动区的布局原则

① 干湿分区原则

美工区、科学区要用水，而图书区要避免有水，应该分开布局。

② 动静分区原则

建构区、表演区、音乐区等属于热闹的"动"区，而图书区、数学区等需要安静。这两类活动区的布局最好距离远一些，以免"动"区干扰"静"区。

③ 相对封闭性原则

界限不明晰会导致儿童无目的地"乱窜"，所以教师要利用各种玩具柜、书架、地毯等现有设施作为活动区之间的分界线。不同的活动区、不同年龄的幼儿，对分隔程度有不同的要求。例如：图书区的封闭程度要高一些，而美工区、娃娃家则可以开放一些。

④ 就近原则

美工区由于经常需要用水，最好离水源近一些。科学区、运动区需要自然的光线，而且经常需要将活动延伸到户外场地，最好选择向阳和接近户外的位置。

⑤ 方便通畅原则

教师要合理利用活动室的每个角落，充分发挥活动室内设施的作用，保证活动室内的"交通"畅通无阻。

（3）常规活动区的环境创设

① 角色扮演区

在活动室的区域布局中，角色扮演区应该占用一块较大的范围。幼儿进行角色游戏时，经常会走来走去、大声交谈，发出的声响较大，因而角色扮演区应远离比较安静的益智区和阅读区。角色游戏涉及的主题有很多，如娃娃家、小吃店、理发店、医院、超市等都是深受幼儿喜爱的游戏主题。设计主题环境时，应尽量创造一个仿真的环境，以激发幼儿的兴趣，使幼儿游戏时如同身临其境一般，满足他们操作的欲望，真实体验现实生活中各种角色的需要。

② 建构区

在规划活动室空间的时候，教师应为建构区安排较大的活动空间，以保证幼儿有充足的空间进行自己的创造。建构区不需要放置桌椅，这样不仅可以使空间更宽敞、活动起来更加舒适，还可以避免幼儿因空间不够将积木搭到桌椅下面去。建构区的地面可以铺上各式地毯或地垫，这样幼儿就可以随意坐在地上进行游戏。建构区的各种积木都应有架子，架子和柜子的高度应以方便幼儿取放为准。积塑及辅助材料可以分类存放在各种大盒子、篮子、盆子或塑料收纳箱里，存放各类材料的容器应靠近存放积木的柜子或架子，以方便幼儿将其结合在一起使用。

③ 美工区

美工活动比较安静，布局时可与阅读区、益智区等毗邻。同时，美工区应设置在光线充足、靠近水源的地方。光线充足有利于幼儿观察和创作，可以保护视力。靠近水源则方便幼儿洗手、清洗画笔、清洁桌面。设计美工区环境的时候，应周密地考虑区域内颜色、形状、结构、线条和图案的空间安排，要突出艺术性，并符合幼儿的审美情趣，使幼儿通过对区域环境美的感受，培养审美感知、审美情感和审美创造等基本能力。

④ 阅读区

根据幼儿的阅读需求，阅读区的位置选择应把握明亮、安静两个基本原则。也就是说，阅读区应选择光线明亮的地方，并尽可能安排在较安静的区域。为保持阅读区的规范、有序，图书要放在相对固定的位置，并贴上标签，帮助幼儿养成物归原处的习惯。

⑤ 室内自然角

室内自然角是幼儿园活动室中专门饲养小动物、栽培植物、陈列实验用品的角落，在活动室内所占面积较小，所需材料简单、易备。自然角也是美化环境的一种重要手段。各种绿意盎然、鲜花盛开、硕果累累的植物，还有活泼可爱、形态各异的小动物，都可以使活动室更加温馨美观、富有生气，使幼儿的生活更加富有情趣。

6. 室外活动场地

（1）大型玩具区

室外的游戏活动场地通常会设置一些大型活动器械供幼儿玩耍，游戏设施的种类包括秋千、摇车、攀登架、滑梯等。这类游戏活动运动量大、肢体活动明显、可操作性强，有利于幼儿攀爬能力和动作灵活性的培养，有些器械活动还能培养幼儿之间的协作能力。

（2）沙土区

沙土没有固定的形状，具有极大的可塑性和变化性，可方可圆，幼儿可以根据自己的想法随意地玩耍，能充分发挥幼儿的想象力和创造力，因此成为幼儿非常喜欢的一项活动。

（3）戏水区

戏水区有利于幼儿开展各种创造性游戏活动，用手触摸、涉水感知、漂移玩具、观察水中倒影等，都有利于幼儿从表象思维向运算思维过渡。在设置戏水池时，要对水池的深度和相关设施进行严格控制。供幼儿游戏玩耍的水体不应过深（10—20厘米），可采用旱喷的方式，才能既满足幼儿爱玩水的天性，又保证幼儿游戏的安全。超过一定深度的水体周围应设卵石、木桩等形式的堤岸加以防护，以免发生意外。

灵活开展幼儿园集体教学

幼儿园集体教学活动是指教师围绕目标，有组织、有计划地指导全体幼儿进行的学习活动，它是幼儿园教育活动实施的重要途径。幼儿园集体教学是集教师、幼儿的活动于一体的活动，其中包含教师的"教"，更重要的是幼儿的"学"，是幼儿获取信息、锻炼提高多种能力的重要渠道。集体教学活动面向多数幼儿，可以使多数幼儿在同一时间内学习相同的知识和技能，并且幼儿与幼儿之间有机会相互交流、相互启发，有利于幼儿之间的模仿学习。

幼儿园集体教学活动能够帮助多数幼儿在短时间内获取一定的知识经验，相对比较节省人力、物力。它要求教师既要关注幼儿的学习兴趣，又要关注幼儿的现有水平；既要重视幼儿知识技能的掌握，又要重视幼儿的情感体验；既要重视教师的教法，又要重视幼儿的学法。

一、集体教学活动的组织形式

幼儿园集体教学活动，可分领域组织教学，也可进行综合性的主题教学。

（一）领域教学

幼儿园的教育内容是全面的、启蒙性的，可以划分为健康、语言、社会、科学、艺术五个领域。分领域组织教学，即以上述五大领

域开展教学。各领域的内容从不同的角度促进幼儿情感、态度、能力、知识、技能等方面的发展。

1. 健康领域

健康领域的教学活动应充分尊重幼儿生长发育的规律。幼儿园必须把保护幼儿的生命和促进幼儿的健康放在工作的首位，树立正确的健康观念。在重视幼儿身体健康的同时，也要高度重视幼儿的心理健康，既要高度重视和满足幼儿受保护、受照顾的需要，又要尊重和满足他们不断增长的独立要求，避免过度保护和包办代替，鼓励并指导幼儿进行自理、自立的尝试。同时，还应培养幼儿对体育活动的兴趣，这也是幼儿园体育教育的重要目标，要根据幼儿的特点组织生动有趣、形式多样的体育活动，吸引幼儿主动参与。

健康领域的教学活动要求建立良好的师生关系和同伴关系，让幼儿在集体生活中感到温暖，心情愉快，形成安全感、信赖感；培养幼儿良好的饮食、睡眠、盥洗、排泄等生活习惯和生活自理能力；教育幼儿爱清洁、讲卫生，注意保持个人和生活场所的整洁和卫生；密切结合幼儿的生活进行安全、营养和保健教育，提高幼儿的自我保护意识和能力；开展丰富多彩的户外游戏和体育活动，培养幼儿参加体育活动的兴趣和习惯，增强体质，提高对环境的适应能力；用幼儿感兴趣的方式发展基本动作，提高动作的协调性、灵活性；在体育活动中，培养幼儿坚强、勇敢、不怕困难的意志品质和主动、乐观、合作的态度。

灵活开展幼儿园集体教学

【学习材料】

《指南》中健康领域3—6岁幼儿学习与发展的目标

一、身心状况

目标1 具有健康的体态

3—4岁	4—5岁	5—6岁
1.身高和体重适宜。 参考标准： 男孩： 身高：94.9—111.7厘米 体重：12.7—21.2公斤 女孩： 身高：94.1—111.3厘米 体重：12.3—21.5公斤 2.在提醒下能自然坐直、站直。	1.身高和体重适宜。 参考标准： 男孩： 身高：100.7—119.2厘米 体重：14.1—24.2公斤 女孩： 身高：99.9—118.9厘米 体重：13.7—24.9公斤 2.在提醒下能保持正确的站、坐和行走姿势。	1.身高和体重适宜。 参考标准： 男孩： 身高：106.1—125.8厘米 体重：15.9—27.1公斤 女孩： 身高：104.9—125.4厘米 体重：15.3—27.8公斤 2.经常保持正确的站、坐和行走姿势。

目标2 情绪安定愉快

3—4岁	4—5岁	5—6岁
1.情绪比较稳定，很少因一点小事哭闹不止。 2.有比较强烈的情绪反应时，能在成人的安抚下逐渐平静下来。	1.经常保持愉快的情绪，不高兴时能较快缓解。 2.有比较强烈情绪反应时，能在成人提醒下逐渐平静下来。 3.愿意把自己的情绪告诉亲近的人，一起分享快乐或求得安慰。	1.经常保持愉快的情绪。知道引起自己某种情绪的原因，并努力缓解。 2.表达情绪的方式比较适度，不乱发脾气。 3.能随着活动的需要转换情绪和注意力。

目标3 具有一定的适应能力

3—4岁	4—5岁	5—6岁
1.能在较热或较冷的户外环境中活动。 2.换新环境时情绪能较快稳定，睡眠、饮食基本正常。 3.在成人帮助下能较快适应集体生活。	1.能在较热或较冷的户外环境中连续活动半小时左右。 2.换新环境时较少出现身体不适。 3.能较快适应人际环境中发生的变化。如换了新老师能较快适应。	1.能在较热或较冷的户外环境中连续活动半小时以上。 2.天气变化时较少感冒，能适应车、船等交通工具造成的轻微颠簸。 3.能较快融入新的人际关系环境。如换了新的幼儿园或班级能较快适应。

二、动作发展

目标1 具有一定的平衡能力，动作协调、灵敏

3—4岁	4—5岁	5—6岁
1.能沿地面直线或在较窄的低矮物体上走一段距离。 2.能双脚灵活交替上下楼梯。 3.能身体平稳地双脚连续向前跳。 4.分散跑时能躲避他人的碰撞。 5.能双手向上抛球。	1.能在较窄的低矮物体上平稳地走一段距离。 2.能以匍匐、膝盖悬空等多种方式钻爬。 3.能助跑跨跳过一定距离，或助跑跨跳过一定高度的物体。 4.能与他人玩追逐、躲闪跑的游戏。 5.能连续自抛自接球。	1.能在斜坡、荡桥和有一定间隔的物体上较平稳地行走。 2.能以手脚并用的方式安全地爬攀登架、网等。 3.能连续跳绳。 4.能躲避他人滚过来的球或扔过来的沙包。 5.能连续拍球。

灵活开展幼儿园集体教学

目标2 具有一定的力量和耐力

3—4岁	4—5岁	5—6岁
1.能双手抓杠悬空吊起10秒左右。 2.能单手将沙包向前投掷2米左右。 3.能单脚连续向前跳2米左右。 4.能快跑15米左右。 5.能行走1公里左右（途中可适当停歇）。	1.能双手抓杠悬空吊起15秒左右。 2.能单手将沙包向前投掷4米左右。 3.能单脚连续向前跳5米左右。 4.能快跑20米左右。 5.能连续行走1.5公里左右（途中可适当停歇）。	1.能双手抓杠悬空吊起20秒左右。 2.能单手将沙包向前投掷5米左右。 3.能单脚连续向前跳8米左右。 4.能快跑25米左右。 5.能连续行走1.5公里以上（途中可适当停歇）。

目标3 手的动作灵活协调

3—4岁	4—5岁	5—6岁
1.能用笔涂涂画画。 2.能熟练地用勺子吃饭。 3.能用剪刀沿直线剪，边线基本吻合。	1.能沿边线较直地画出简单图形，或能沿边线基本对齐地折纸。 2.会用筷子吃饭。 3.能沿轮廓线剪出由直线构成的简单图形，边线吻合。	1.能根据需要画出图形，线条基本平滑。 2.能熟练使用筷子。 3.能沿轮廓线剪出由曲线构成的简单图形，边线吻合且平滑。 4.能使用简单的劳动工具或用具。

三、生活习惯与生活能力

目标1 具有良好的生活与卫生习惯

3—4岁	4—5岁	5—6岁
1.在提醒下，按时睡觉和起床，并能坚持午睡。	1.每天按时睡觉和起床，并能坚持午睡。	1.养成每天按时睡觉和起床的习惯。

087

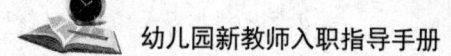

续表

3—4岁	4—5岁	5—6岁
2.喜欢参加体育活动。 3.在引导下，不偏食、挑食。喜欢吃瓜果、蔬菜等新鲜食品。 4.愿意饮用白开水，不贪喝饮料。 5.不用脏手揉眼睛，连续看电视等不超过15分钟。 6.在提醒下，每天早晚刷牙、饭前便后洗手。	2.喜欢参加体育活动。 3.不偏食、挑食，不暴饮暴食。喜欢吃瓜果、蔬菜等新鲜食品。 4.常喝白开水，不贪喝饮料。 5.知道保护眼睛，不在光线过强或过暗的地方看书，连续看电视等不超过20分钟。 6.每天早晚刷牙、饭前便后洗手，方法基本正确。	2.能主动参加体育活动。 3.吃东西时细嚼慢咽。 4.主动饮用白开水，不贪喝饮料。 5.主动保护眼睛。不在光线过强或过暗的地方看书，连续看电视等不超过30分钟。 6.每天早晚主动刷牙，饭前便后主动洗手，方法正确。

目标2 具有基本的生活自理能力

3—4岁	4—5岁	5—6岁
1.在帮助下能穿脱衣服或鞋袜。 2.能将玩具和图书放回原处。	1.能自己穿脱衣服、鞋袜、扣纽扣。 2.能整理自己的物品。	1.能根据冷热增减衣服。 2.会自己系鞋带。 3.能按类别整理好自己的物品。

目标3 具备基本的安全知识和自我保护能力

3—4岁	4—5岁	5—6岁
1.不吃陌生人给的东西，不跟陌生人走。	1.知道在公共场合不远离成人的视线单独活动。	1.未经大人允许不给陌生人开门。

续表

3—4岁	4—5岁	5—6岁
2.在提醒下能注意安全，不做危险的事。 3.在公共场所走失时，能向警察或有关人员说出自己和家长的名字、电话号码等简单信息。	2.认识常见的安全标志，能遵守安全规则。 3.运动时能主动躲避危险。 4.知道简单的求助方式。	2.能自觉遵守基本的安全规则和交通规则。 3.运动时能注意安全，不给他人造成危险。 4.知道一些基本的防灾知识。

2.语言领域

幼儿的语言能力是在运用的过程中发展起来的，其语言的发展与情感、经验、思维、社会交往能力等其他方面的发展密切相关。因此，发展幼儿语言的关键是创设一个能使他们想说、敢说、喜欢说、有机会说的生活环境，在丰富多彩的活动中去扩展幼儿的语言经验，提供促进幼儿语言发展的条件。

语言领域的教学活动要求创造一个自由、宽松的语言交往环境，让幼儿体验语言交流的乐趣，学习使用适当的、礼貌的语言交往；养成幼儿注意倾听的习惯，发展其语言理解能力；鼓励幼儿大胆、清楚地表达自己的想法和感受，尝试说明、描述简单的事物或过程，发展其语言表达能力和思维能力；引导幼儿接触优秀的儿童文学作品，使之感受语言的丰富和优美，并通过多种活动帮助幼儿加深对作品的体验和理解；培养幼儿对生活中常见的简单标记和文字符号的兴趣；利用图书、绘画和其他多种方式，引发幼儿对书籍、阅读和书写的兴趣，培养其前阅读和前书写技能。

【学习材料】

《指南》中语言领域3—6岁幼儿学习与发展的目标

一、倾听与表达

目标1 认真听并能听懂常用语言

3—4岁	4—5岁	5—6岁
1.别人对自己说话时能注意听并做出回应。 2.能听懂日常会话。	1.在群体中能有意识地听与自己有关的信息。 2.能结合情境感受到语气、语调所表达的不同意思。 3.方言地区和少数民族幼儿能基本听懂普通话。	1.在集体中能注意听老师或其他人讲话。 2.听不懂或有疑问时能主动提问。 3.能结合情境理解一些表示因果、假设等相对复杂的句子。

目标2 愿意讲话并能清楚地表达

3—4岁	4—5岁	5—6岁
1.愿意在熟悉的人面前说话，能大方地与人打招呼。 2.基本会说本民族或本地区的语言。 3.愿意表达自己的需要和想法，必要时能配以手势动作。 4.能口齿清楚地说儿歌、童谣或复述简短的故事。	1.愿意与他人交谈，喜欢谈论自己感兴趣的话题。 2.会说本民族或本地区的语言，基本会说普通话。少数民族聚居地区幼儿会用普通话进行日常会话。 3.能基本完整地讲述自己的所见所闻和经历的事情。 4.讲述比较连贯。	1.愿意与他人讨论问题，敢在众人面前说话。 2.会说本民族或本地区的语言和普通话，发音正确清晰。少数民族聚居地区幼儿基本会说普通话。 3.能有序、连贯、清楚地讲述一件事情。 4.讲述时能使用常见的形容词、同义词等，语言比较生动。

灵活开展幼儿园集体教学

目标3　具有文明的语言习惯

3—4岁	4—5岁	5—6岁
1.与别人讲话时知道眼睛要看着对方。 2.说话自然，声音大小适中。 3.能在成人的提醒下使用恰当的礼貌用语。	1.别人对自己讲话时能回应。 2.能根据场合调节自己说话声音的大小。 3.能主动使用礼貌用语，不说脏话、粗话。	1.别人讲话时能积极主动地回应。 2.能根据谈话对象和需要调整说话的语气。 3.懂得按次序轮流讲话，不随意打断别人。 4.能依据所处情境使用恰当的语言。如在别人难过时会用恰当的语言表示安慰。

二、阅读与书写准备

目标1　喜欢听故事，看图书

3—4岁	4—5岁	5—6岁
1.主动要求成人讲故事、读图书。 2.喜欢跟读韵律感强的儿歌、童谣。 3.爱护图书，不乱撕、乱扔。	1.反复看自己喜欢的图书。 2.喜欢把听过的故事或看过的图书讲给别人听。 3.对生活中常见的标识、符号感兴趣，知道它们表示一定的意义。	1.专注地阅读图书。 2.喜欢与他人一起谈论图书和故事的有关内容。 3.对图书和生活情境中的文字符号感兴趣，知道文字表示一定的意义。

目标2　具有初步的阅读理解能力

3—4岁	4—5岁	5—6岁
1.能听懂短小的儿歌或故事。	1.能大体讲出所听故事的主要内容。	1.能说出所阅读的幼儿文学作品的主要内容。

续表

3—4岁	4—5岁	5—6岁
2.会看画面，能根据画面说出图中有什么，发生了什么事等。 3.能理解图书上的文字是和画面对应的，是用来表达画面意义的。	2.能根据连续画面提供的信息，大致说出故事的情节。 3.能随着作品的展开产生喜悦、担忧等相应的情绪反应，体会作品所表达的情绪情感。	2.能根据故事的部分情节或图书画面的线索猜想故事情节的发展，或续编、创编故事。 3.对看过的图书、听过的故事能说出自己的看法。 4.能初步感受文学语言的美。

目标3 具有书面表达的愿望和初步技能

3—4岁	4—5岁	5—6岁
1.喜欢用涂涂画画表达一定的意思。	1.愿意用图画和符号表达自己的愿望和想法。 2.在成人提醒下，写画画时姿势正确。	1.愿意用图画和符号表现事物或故事。 2.会正确书写自己的名字。 3.写画时姿势正确。

3.社会领域

社会领域的教育具有潜移默化的特点，社会领域的教学活动要求幼儿通过参加社会领域集体活动，体验与教师、与同伴等共同生活的乐趣，帮助他们正确认识自己和他人，养成对他人和社会亲近、合作的态度，学习初步的人际交往技能，增强其自尊心和自信心；以多种方式引导幼儿认识、体验并理解基本的社会行为规则，学习自律和尊重他人；教育幼儿爱护玩具和其他物品，爱护公物和公共环境；充分利用社会资源，引导幼儿切实感受祖国文化的丰富与优秀，感受家乡的变化和发展，激发幼儿爱家乡、爱祖国的情感。

灵活开展幼儿园集体教学

【学习材料】

《指南》中社会领域3—6岁幼儿学习与发展的目标

一、人际交往

目标1 愿意与人交往

3—4岁	4—5岁	5—6岁
1.愿意和小朋友一起游戏。 2.愿意与熟悉的长辈一起活动。	1.喜欢和小朋友一起游戏，有经常一起玩的小伙伴。 2.喜欢和长辈交谈，有事愿意告诉长辈。	1.有自己的好朋友，也喜欢结交新朋友。 2.有问题愿意向别人请教。 3.有高兴的或有趣的事愿意与大家分享。

目标2 能与同伴友好相处

3—4岁	4—5岁	5—6岁
1.想加入同伴的游戏时，能友好地提出请求。 2.在成人指导下，不争抢、不独霸玩具。 3.与同伴发生冲突时，能听从成人的劝解。	1.会运用介绍自己、交换玩具等简单技巧加入同伴游戏。 2.对大家都喜欢的东西能轮流玩耍、懂得分享。 3.与同伴发生冲突时，能在他人帮助下和平解决。 4.活动时愿意接受同伴的意见和建议。 5.不欺负弱小。	1.能想办法吸引同伴和自己一起游戏。 2.活动时能与同伴分工合作，遇到困难能一起克服。 3.与同伴发生冲突时能自己协商解决。 4.知道别人的想法有时和自己不一样，能倾听和接受别人的意见，不能接受时会说明理由。 5.不欺负别人，也不允许别人欺负自己。

093

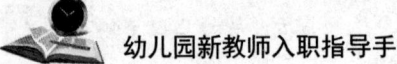
幼儿园新教师入职指导手册

目标3 具有自尊、自信、自主的表现

3—4岁	4—5岁	5—6岁
1.能根据自己的兴趣选择游戏或其他活动。 2.为自己的好行为或活动成果感到高兴。 3.自己能做的事情愿意自己做。 4.喜欢承担一些小任务。	1.能按自己的想法进行游戏或其他活动。 2.知道自己的一些优点和长处，并对此感到满意。 3.自己的事情尽量自己做，不愿意依赖别人。 4.敢于尝试有一定难度的活动和任务。	1.能主动发起活动或在活动中出主意、想办法。 2.做了好事或取得了成功后还想做得更好。 3.自己的事情自己做，不会的愿意学。 4.主动承担任务，遇到困难能够坚持而不轻易求助。 5.与别人的看法不同时，敢于坚持自己的意见并说出理由。

目标4 关心尊重他人

3—4岁	4—5岁	5—6岁
1.长辈讲话时能认真听，并能听从长辈的要求。 2.身边的人生病或不开心时表示同情。 3.在提醒下能做到不打扰别人。	1.会用礼貌的方式向长辈表达自己的要求和想法。 2.能注意到别人的情绪，并有关心、体贴的表现。 3.知道父母的职业，能体会到父母为养育自己所付出的辛劳。	1.能有礼貌地与人交往。 2.能关注别人的情绪和需要，并能给予力所能及的帮助。 3.尊重为大家提供服务的人，珍惜他们的劳动成果。 4.接纳、尊重与自己的生活方式或习惯不同的人。

094

二、社会适应

目标1 喜欢并适应群体生活

3—4岁	4—5岁	5—6岁
1.对群体活动有兴趣。 2.对幼儿园的生活好奇，喜欢上幼儿园。	1.愿意并主动参加群体活动。 2.愿意与家长一起参加社区的一些群体活动。	1.在群体活动中积极、快乐。 2.对小学生活有好奇和向往。

目标2 遵守基本的行为规范

3—4岁	4—5岁	5—6岁
1.在提醒下，能遵守游戏和公共场所的规则。 2.知道不经允许不能拿别人的东西，借别人的东西要归还。 3.在成人提醒下，爱护玩具和其他物品。	1.感受规则的意义，并能基本遵守规则。 2.不私自拿不属于自己的东西。 3.知道说谎是不对的。 4.知道接受了的任务要努力完成。 5.在提醒下，能节约粮食、水电等。	1.理解规则的意义，能与同伴协商制定游戏和活动规则。 2.爱惜物品，用别人的东西时也知道爱护。 3.做了错事敢于承认，不说谎。 4.能认真负责地完成自己所接受的任务。 5.爱护身边的环境，注意节约资源。

目标3 具有初步的归属感

3—4岁	4—5岁	5—6岁
1.知道和自己一起生活的家庭成员及与自己的关系，体会到自己是家庭的一员。	1.喜欢自己所在的幼儿园和班级，积极参加集体活动。	1.愿意为集体做事，为集体的成绩感到高兴。 2.能感受到家乡的发展变化并为此感到高兴。

续表

3—4岁	4—5岁	5—6岁
2.能感受到家庭生活的温暖，爱父母，亲近与信赖长辈。 3.能说出自己家所在街道、小区（乡镇、村）的名称。 4.认识国旗，知道国歌。	2.能说出自己家所在地的省、市、县（区）名称，知道当地有代表性的物产或景观。 3.知道自己是中国人。 4.奏国歌、升国旗时能自动站好。	3.知道自己的民族，知道中国是一个多民族的大家庭，各民族之间要互相尊重，团结友爱。 4.知道国家一些重大成就，爱祖国，为自己是中国人感到自豪。

4.科学领域

幼儿的科学教育是科学启蒙教育，重在激发幼儿的认识兴趣和探究欲望。幼儿园应尽量创造条件让幼儿实际参加探究活动，使他们感受科学探究的过程和方法，体验发现的乐趣。科学教育应密切联系幼儿的实际生活进行，利用身边的事物与现象作为科学探索的对象。

科学领域的教学活动要求引导幼儿对身边常见事物和现象的特点、变化规律产生兴趣和探究的欲望；提供丰富的可操作的材料，为每位幼儿都能运用多种感官、多种方式进行探索提供活动的条件；引导幼儿对周围环境中的数、量、形、时间和空间等现象产生兴趣，建构初步的数概念，并学习用简单的数学方法解决生活和游戏中某些简单的问题；在幼儿生活经验的基础上，帮助幼儿了解自然、环境与人类生活的关系，从身边的小事入手，培养其初步的环保意识和行为。

【学习材料】

《指南》中科学领域3—6岁幼儿学习与发展的目标

一、科学探究

目标1 亲近自然，喜欢探究

3—4岁	4—5岁	5—6岁
1.喜欢接触大自然，对周围的很多事物和现象感兴趣。 2.经常问各种问题，或好奇地摆弄物品。	1.喜欢接触新事物，经常问一些与新事物有关的问题。 2.常常动手动脑探索物体和材料，并乐在其中。	1.对自己感兴趣的问题总是刨根问底。 2.能经常动手动脑寻找问题的答案。 3.探索中有所发现时感到兴奋和满足。

目标2 具有初步的探究能力

3—4岁	4—5岁	5—6岁
1.对感兴趣的事物能仔细观察，发现其明显特征。 2.能用多种感官或动作去探索物体，关注动作所产生的结果。	1.能对事物或现象进行观察比较，发现其相同与不同。 2.能根据观察结果提出问题，并大胆猜测答案。 3.能通过简单的调查收集信息。 4.能用图画或其他符号进行记录。	1.能通过观察、比较与分析，发现并描述不同种类物体的特征或某个事物前后的变化。 2.能用一定的方法验证自己的猜测。 3.在成人的帮助下能制订简单的调查计划并执行。 4.能用数字、图画、图表或其他符号记录。 5.探究中能与他人合作与交流。

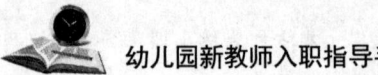

目标3 在探究中认识周围事物和现象

3—4岁	4—5岁	5—6岁
1.认识常见的动植物,能注意并发现周围的动植物是多种多样的。 2.能感知和发现物体和材料的软硬、光滑和粗糙等特性。 3.能感知和体验天气对自己生活和活动的影响。 4.初步了解和体会动植物和人们生活的关系。	1.能感知和发现动植物的生长变化及其基本条件。 2.能感知和发现常见材料的溶解、传热等性质或用途。 3.能感知和发现简单物理现象,如物体形态或位置变化等。 4.能感知和发现不同季节的特点,体验季节对动植物和人的影响。 5.初步感知常用科技产品与自己生活的关系,知道科技产品有利也有弊。	1.能察觉到动植物的外形特征、习性与生存环境的适应关系。 2.能发现常见物体的结构与功能之间的关系。 3.能探索并发现常见的物理现象产生的条件或影响因素,如影子、沉浮等。 4.感知并了解季节变化的周期性,知道变化的顺序。 5.初步了解人们的生活与自然环境的密切关系,知道尊重和珍惜生命,保护环境。

二、数学认知

目标1 初步感知生活中数学的有用和有趣

3—4岁	4—5岁	5—6岁
1.感知和发现周围物体的形状是多种多样的,对不同的形状感兴趣。 2.体验和发现生活中很多地方都用到数。	1.在指导下,感知和体会有些事物可以用形状来描述。 2.在指导下,感知和体会有些事物可以用数来描述,对环境中各种数字的含义有进一步探究的兴趣。	1.能发现事物简单的排列规律,并尝试创造新的排列规律。 2.能发现生活中许多问题都可以用数学的方法来解决,体验解决问题的乐趣。

灵活开展幼儿园集体教学

目标2 感知和理解数、量及数量关系

3—4岁	4—5岁	5—6岁
1.能感知和区分物体的大小、多少、高矮、长短等量方面的特点，并能用相应的词表示。 2.能通过一一对应的方法比较两组物体的多少。 3.能手口一致地点数5个以内的物体，并能说出总数。能按数取物。 4.能用数词描述事物或动作，如我有4本图书。	1.能感知和区分物体的粗细、厚薄、轻重等量方面的特点，并能用相应的词语描述。 2.能通过数数比较两组物体的多少。 3.能通过实际操作理解数与数之间的关系，如5比4多1，2和3合在一起是5。 4.会用数词描述事物的排列顺序和位置。	1.初步理解量的相对性。 2.借助实际情境和操作（如合并或拿取）理解"加"和"减"的实际意义。 3.能通过实物操作或其他方法进行10以内的加减运算。 4.能用简单的记录表、统计图等表示简单的数量关系。

目标3 感知形状与空间关系

3—4岁	4—5岁	5—6岁
1.能注意物体较明显的形状特征，并能用自己的语言描述。 2.能感知物体基本的空间位置与方位，理解上下、前后、里外等方位词。	1.能感知物体的形体结构特征，画出或拼搭出该物体的造型。 2.能感知和发现常见几何图形的基本特征，并能进行分类。 3.能使用上下、前后、里外、中间、旁边等方位词描述物体的位置和运动方向。	1.能用常见的几何形体有创意地拼搭和画出物体的造型。 2.能按语言指示或根据简单示意图正确取放物品。 3.能辨别自己的左右。

5.艺术领域

幼儿艺术活动的能力是在大胆表现的过程中逐渐发展起来的，教师的作用应主要在于激发幼儿感受美、表现美的情趣，丰富他们的审美经验，使之体验自由表达和创造的快乐。

艺术领域的教学活动要求引导幼儿接触周围环境和生活中美好的人、事、物，丰富他们的感性经验和审美情趣；在支持、鼓励幼儿积极参加艺术活动并大胆表现的同时，帮助他们提高表现的技能和能力；指导幼儿利用身边的物品或废旧材料制作玩具、手工艺品等来美化生活或开展其他活动；为幼儿创设展示自己作品的条件，引导幼儿相互交流、相互欣赏、共同提高。

【学习材料】

《指南》中艺术领域3—6岁幼儿学习与发展的目标

一、感受与欣赏

目标1 喜欢自然界与生活中美的事物

3—4岁	4—5岁	5—6岁
1.喜欢观看花草树木、日月星空等大自然中美的事物。 2.容易被自然界中的鸟鸣、风声、雨声等好听的声音所吸引。	1.在欣赏自然界和生活环境中美的事物时，关注其色彩、形态等特征。 2.喜欢倾听各种好听的声音，感知声音的高低、长短、强弱等变化。	1.乐于收集美的物品或向别人介绍所发现的美的事物。 2.乐于模仿自然界和生活环境中有特点的声音，并产生相应的联想。

目标2 喜欢欣赏多种多样的艺术形式和作品

3—4岁	4—5岁	5—6岁
1.喜欢听音乐或观看舞蹈、戏剧等表演。	1.能够专心地观看自己喜欢的文艺演出或艺术	1.艺术欣赏时常常用表情、动作、语言等方式

续表

3—4岁	4—5岁	5—6岁
2.乐于观看绘画、泥塑或其他艺术形式的作品。	品,有模仿和参与的愿望。 2.欣赏艺术作品时会产生相应的联想和情绪反应。	表达自己的理解。 2.愿意和别人分享、交流自己喜爱的艺术作品和美感体验。

二、表现与创造

目标1 喜欢进行艺术活动并大胆表现

3—4岁	4—5岁	5—6岁
1.经常自哼自唱或模仿有趣的动作、表情和声调。 2.经常涂涂画画、粘粘贴贴并乐在其中。	1.经常唱唱跳跳,愿意参加歌唱、律动、舞蹈、表演等活动。 2.经常用绘画、捏泥、手工制作等多种方式表现自己的所见所想。	1.积极参与艺术活动,有自己比较喜欢的活动形式。 2.能用多种工具、材料或不同的表现手法表达自己的感受和想象。 3.艺术活动中能与他人相互配合,也能独立表现。

目标2 具有初步的艺术表现与创造能力

3—4岁	4—5岁	5—6岁
1.能模仿学唱短小歌曲。 2.能跟随熟悉的音乐做身体动作。	1.能用自然的、音量适中的声音基本准确地唱歌。 2.能通过即兴哼唱、即兴表演或给熟悉的歌曲	1.能用基本准确的节奏和音调唱歌。 2.能用律动或简单的舞蹈动作表现自己的情绪或自然界的情景。

续表

3—4岁	4—5岁	5—6岁
3.能用声音、动作、姿态模拟自然界的事物和生活情景。 4.能用简单的线条和色彩大体画出自己想画的人或事物。	编词来表达自己的心情。 3.能用拍手、踏脚等身体动作或可敲击的物品敲打节拍和基本节奏。 4.能运用绘画、手工制作等表现自己观察到或想象的事物。	3.能自编自演故事，并为表演选择和搭配简单的服饰、道具或布景。 4.能用自己制作的美术作品布置环境、美化生活。

需要注意的是，幼儿的发展是一个整体，要注重领域之间、目标之间的相互渗透和整合，促进幼儿身心全面协调发展，而不应片面追求某一方面或几方面的发展。

(二) 综合性主题教学

综合性的主题教学，是在一段时间内围绕一个中心内容（即主题）来组织的教学活动。综合性的主题教学活动，打破了领域的界限，把学习内容融汇成一种新的体系。综合性主题活动的特点在于建立各领域之间自然、有机的联系。其教学内容既可以是以某一领域知识为线索，渗透其他领域知识的知识体系，又可以是以幼儿兴趣为出发点的系列活动内容。

教师在选择主题时，首先要考虑它的可行性，即这个主题是否有可能达到预定的教育目标，幼儿是否具有相应的知识、经验、技能和能力。其次应考虑它的重要性，即这个主题是否有必要进行，是否有助于帮助幼儿理解周围世界，是否能促进幼儿发展。再次应考虑它的关联性，即这个主题是否与幼儿的现实生活有关。最后应考虑它的兴趣性，即这个主题是否是幼儿感兴趣的，是否能满足幼儿的需要。为了保证主题教学活动的顺利实施，每一个主题都需安排多个教学活动,并设计具体明确的活动目标、活动流程。

【案例】

幼儿园中班主题教育活动——我长大了

一、设计意图

幼儿进入中班,不论是生理、心理都有了一些变化,加上经历了一年的幼儿园生活,自理能力、交往能力都有进一步提高。为了培养幼儿的责任意识,我们开展了"我长大了"主题活动,让幼儿通过一系列活动,感受自己的变化、体验成长的快乐、增强责任感。

二、主题目标

1. 能够照顾、谦让小班的弟弟妹妹,培养责任感。
2. 体会劳动的艰辛,帮助爸爸妈妈做力所能及的事情。
3. 热爱生活,遵守生活中的规则。
4. 喜欢交往,扩大交际圈。
5. 感受成长的快乐,憧憬美好生活。

三、主题活动

活动一:大手牵小手

活动目标:

1. 中班幼儿帮助小班幼儿快速适应幼儿园生活。
2. 积极主动参与活动,体验做小哥哥、小姐姐的责任感。
3. 活动中照顾弟弟妹妹,教弟弟妹妹如何如厕、接水等基本自理技能,帮助他们解决问题。

活动准备:

如厕、接水标志,老鹰、小鸡、老母鸡头饰。

活动过程:

1. 引导幼儿回忆自己上小班的样子。

——今天我们的活动将以一种特殊的方式开展,你们看到对面的小弟弟和小妹妹了吗?他们都在干什么?

——看到小弟弟和小妹妹是不是想到自己上小班时候的样子了？我们应该用什么方式帮助小班的弟弟妹妹不找爸爸妈妈呢？

小结：让幼儿回忆自己上小班的样子，个个举手发言讲自己小时候的趣事，同时也把注意力投到对面小班幼儿的身上，迫不及待地想帮助弟弟妹妹，让他们不再哭闹。

2. 幼儿自由结组，消除陌生感。

——弟弟妹妹都不哭了，你们是用什么办法不让弟弟妹妹哭的？

——有谁愿意向大家介绍自己的新朋友吗？

小结：小班幼儿由于年龄小，比较难以适应新环境、新朋友。在帮助弟弟妹妹消除陌生感环节中，中班幼儿给弟弟妹妹们唱歌、做鬼脸、讲笑话、陪玩游戏等，孩子们之间很快打成一片，小班幼儿对带领自己的小哥哥、小姐姐很有依赖感。

3. 以大带小，教弟弟妹妹如厕、接水。

——小班的弟弟妹妹太小了，有的还不会如厕和接水，我们快来帮帮他们吧。

小结：中班幼儿逐渐有了自主意识，在帮助小班幼儿如厕和接水环节，他们很细心也很耐心地教弟弟妹妹看示意图和标志，俨然像一名小老师。

4. 出示老鹰、小鸡、老母鸡头饰，玩"老鹰捉小鸡"游戏，游戏中萌发保护弟弟妹妹的意识。

——小班的弟弟妹妹跟我们熟悉了，让我们一起来玩游戏吧。

小结：游戏中中班幼儿很谦让小班幼儿，小班幼儿在小哥哥、小姐姐的带领下玩得很开心，游戏结束时不舍得离开。

5. 分享交流，谈谈带弟弟妹妹的感受，加深印象，引发做小哥哥、小姐姐的自豪感。

——今天你们开心吗？做小哥哥、小姐姐的感觉怎么样？

——生活中你们有小弟弟和小妹妹吗？当小弟弟和小妹妹遇到问题的时候，你会怎么做？

灵活开展幼儿园集体教学

小结：分享交流环节，幼儿踊跃发言，有了做小哥哥和小姐姐的自豪感，活动自然过渡到照顾生活中的弟弟妹妹，意义深远。

活动二：我会做

活动目标：

1. 能用语言表达"我会做……"语句。
2. 能够大胆表达内心想法，鼓励幼儿尽情说。
3. 萌发热爱劳动的意识，帮助爸爸妈妈做力所能及的事情。

活动准备：

提供一些成人做家务的图片。

活动过程：

1. 出示图片，以提问的方式导入，激发幼儿兴趣。

——提供图片，让幼儿观察图片内容。

——图片上的爸爸妈妈都在干什么？

小结：图片中的爸爸妈妈有的在扫地，有的在拖地，有的在做饭，有的在洗碗，有的在叠衣，有的在擦玻璃，有的在洗衣服，有的在照顾小宝宝。

2. 引导幼儿讨论爸爸妈妈在家做过哪些事，学会换位思考。

——你们的爸爸妈妈做过家务吗？都做过哪些家务？

——爸爸妈妈做完家务通常要做什么？你做了什么？

——如果家里没有人做家务会怎么样？

小结：做家务很辛苦，有时候会累得腰疼，这个时候可以给爸爸妈妈揉揉腰，或者帮助爸爸妈妈做一些力所能及的事情，家里如果没有人做家务的话会很乱很脏，对身体不好也会影响心情。

3. 引导幼儿会说"我会做……"语句。

——再次出示图片让幼儿观察，让幼儿讨论自己会做哪些家务。

4. 情感迁移，感受自己长大了，可以帮助爸爸妈妈做一些力所能及的事情。

105

——以后爸爸妈妈在做家务的时候，你知道该怎么做吗？

小结：幼儿们体会到爸爸妈妈的辛苦，在以后会积极主动帮忙，萌发热爱劳动的意识。

活动三：自己制定规则

活动目标：

1. 让幼儿理解游戏中、生活中处处存在规则。
2. 引导幼儿讨论"没有规则会怎么样"话题。
3. 鼓励幼儿自己制定规则，萌发责任意识。

活动准备：

幼儿"数豆子"游戏视频，红绿灯图片、打篮球图片。

活动过程：

1. "数豆子"游戏视频导入。

——游戏中的小朋友在干什么？

——为什么游戏中的小朋友们都不喜欢和乐乐小朋友在一起玩？

——如果都像乐乐小朋友那样会怎么样？

小结：幼儿们都能看出游戏中的小朋友们在进行数豆子比赛，其中的乐乐小朋友总是不按照老师说的时间进行游戏，总是抢先开始数豆子，从这里引出"规则"含义。

2. 出示打篮球图片。

——打篮球属于什么运动？你们喜欢打篮球吗？

——为什么要进行体育活动？活动中没有规则行吗？

小结：人们进行体育活动是为了强身健体，小朋友有了强壮的体魄才能尽情游戏、学习。体育游戏中有很多规则，没有规则的话，一些体育项目就不能玩了，在游戏中乱跑乱撞会伤到别的小朋友的。

3. 以幼儿园排队接水为例，进行经验迁移。

——我们在幼儿园接水排队时有规则吗？不按规则排队会怎么样？

小结：接水排队时存在安全隐患，尤其是接热水时，如果出现推撞现象，会烫伤别的小朋友，加深幼儿对规则的理解。

4. 出示红绿灯图片，引导幼儿发现生活中的规则。

——为什么马路上要安装红绿灯？

——红灯、绿灯、黄灯各代表什么意思？

——不安装红绿灯会怎么样？

小结：红绿灯是警示人们安全出行，红灯停、绿灯行，黄灯代表等一等。如果没有红绿灯，会造成拥堵现象，严重则可导致事故的发生。

5. 引导幼儿讨论"没有规则会怎么样"话题。

——游戏中、生活中处处存在规则，如果没有规则会怎么样？

——如果让你自己制定规则，你会怎样？

小结：话题抛出，幼儿们热情地讨论起来，认识到规则的重要性。

活动四：我有了好多朋友

活动目标：

1. 愿意与同伴交流，体验交朋友的快乐。
2. 能大胆向同伴介绍新朋友。
3. 鼓励能力强的幼儿引导并鼓励内向、胆小的幼儿找朋友。

活动准备：

儿歌、教学课件。

活动过程：

1. 儿歌导入。

儿歌：找啊找啊找朋友，找到一个好朋友，敬个礼啊握握手，你是我的好朋友。

——大家喜欢这首儿歌吗？它在讲什么内容？

——你有好朋友吗？喜欢和好朋友做什么事？

小结：以幼儿熟悉的儿歌导入，情绪上带动幼儿，让幼儿体会到交朋友是一件很美好的事情。

2.走出教室，寻找新朋友。

——带领幼儿去隔壁班，让幼儿自主交新朋友。

——鼓励幼儿主动交朋友，让能力强的幼儿引导并鼓励内向、胆小的幼儿找朋友。

小结：幼儿天生爱玩，通过玩游戏很快彼此熟悉起来，让能力强的幼儿去引导、影响能力弱的幼儿，利用同伴影响同伴，比教师说教效果更好。

3.向大家介绍新朋友。

——你们都交到新朋友了吗？谁能主动向大家介绍一下自己的新朋友？

小结：交到新朋友的幼儿一一向大家介绍了自己的新朋友，小脸上挂满微笑，在活动结束后甚至有幼儿主动约新朋友分享自己的玩具，大家都很开心。

活动五：成长树

活动目标：

1.体会"长大了"的心理感受。

2.自主选择材料制作成长树。

3.许下成长愿望，增强责任感。

活动准备：

各色颜料、抹布、水彩笔、A4白纸、画板、粉笔、儿童小剪刀、旧纸箱、旧报纸、旧鞋盒、浆糊。

活动过程：

1.回忆自己的变化，体会"长大了"的心理感受。

——我们玩了很多游戏，也做了很多有意义的事情，哪次活动让你们印象最深？

——谁能说一说"长大了"代表什么？

——你是怎么感受到自己长大了呢？

——你觉得自己变了吗？哪里变了呢？

小结：勾起幼儿回忆，引出幼儿印象最深的活动，然后让幼儿谈谈自己的内心变化，体会"长大了"的责任感。

2.幼儿自主选择材料制作成长树，教师巡回指导。

——小朋友们都觉得自己长大了，那就让我们制作属于自己的成长树吧。

小结：这一环节中，教师是观察者、指导者，主角是幼儿。幼儿自行选择材料，有幼儿画成长树，有幼儿剪纸成长树，观察中会发现幼儿们不再局限于自己动手做，有幼儿出现了寻找合作伙伴的意识，这充分证明幼儿的人际交往能力得到了很大的提升。

3.把制作好的成长树贴进教室"我长大了"主题墙，以丰富主题墙内容。

——小朋友们制作的成长树真漂亮，谁能讲讲制作过程？

——现在让我们把成长树贴进"我长大了"主题墙吧。

小结：鼓励幼儿大胆讲述制作成长树的过程，增强自信心。

4.许下成长愿望。

——我们的主题墙变得越来越漂亮了，你们喜欢吗？

——现在我们来许愿吧，希望小朋友们的愿望都能实现。

小结：让幼儿许愿，憧憬美好未来。

二、集体教学活动实施的时间

集体教学活动的持续时间，应遵循幼儿注意水平的发展特点。各年龄段应有所不同，年龄越小，幼儿注意稳定性越差，教学活动时间越短。

教师在组织与实施集体教学活动时，要控制好教学活动的时间长短。小班幼儿的集体教学活动时间一般为15—20分钟，中班幼儿的集体教学活动时间一般为20—25分钟，大班幼儿的集体教学活动时间一般为25—30分钟。

三、集体教学活动的方法

（一）讲解法

讲解法是教师用幼儿能理解的语言来解释和说明某事某物的方法。运用讲解法时，应做到讲解目的明确，简明扼要，通俗易懂，正确使用术语。讲解不是从道理到道理，而是经常需要例证，并关注幼儿的兴趣和已有经验。

（二）谈话法

谈话法是教师通过口头问答的形式，启发幼儿积极思维的教育方法。谈话由教师提出问题和幼儿回答问题组成，也可由幼儿提出问题，教师回答。

（三）讨论法

讨论法是幼儿在教师的指导下就某个问题交换看法、互相启发的一种教育方法。讨论的方式有二人讨论、小组讨论、全班讨论三种。

（四）示范（范例）法

示范（范例）法是教师通过自己或幼儿的动作、语言、声音，或是经过选择的图画、剪纸和典型事例，让幼儿进行模仿学习的方法。

（五）演示法

演示法是教师通过向幼儿展示各种实物或直观教具，使幼儿获得关于某一事物或现象的感性认识的方法。

（六）观察法

观察法是指幼儿在教师的指导下，有目的、有计划地感知客观事物的主要特征和变化的方法。观察是幼儿认识周围世界、取得直接经验的重要途径，是幼儿园教育的基本方法。

灵活开展幼儿园集体教学

（七）游戏法

游戏法是指教师采用游戏或以游戏的口吻进行教育教学的方法。无论是哪个领域，都会经常用到游戏的方法。运用游戏的方法是幼儿园教育的特点，游戏法可提高幼儿学习的兴趣，集中幼儿的注意，促进幼儿各种感觉器官和大脑积极活动，提高活动的效率。

（八）操作法

操作法是幼儿在教师的指导下，通过操作练习来巩固知识、掌握技能的方法。操作法是典型的"做中学"的方法，容易引起幼儿的兴趣和内在活动动机，有利于幼儿主动性和积极性的发挥。

四、注重集体教学活动中的师幼互动

集体教学活动的核心，是教师依据准备的活动方案，与幼儿展开的师幼双边活动。良好的师幼互动是集体教学活动有效性的标志。积极的师幼互动，能引发幼儿的深度学习，激发幼儿内在的学习动力。

教师在集体教学活动中，应本着以幼儿为主体的原则，注重幼儿不同层次、不同兴趣和能力的差异，正确地启发和引导幼儿，鼓励幼儿主动探讨、发现并大胆地表达自己的观点和想法，形成积极的师幼互动氛围。师幼互动不是发生在某个特定的时间与空间，而是应该渗透在集体活动的各个环节中。首先，在活动的开始部分，要足够地吸引幼儿，激发幼儿的兴趣。幼儿只有有兴趣，才能更积极主动地参与活动，即将开展的活动也就成功了一半。其次，活动的基本部分，也是整个活动的核心，应该采取多种形式的互动，让每一个幼儿都得到发展。最后，活动的结束部分，也是相当重要的。不仅是对本次活动的巩固，还要给幼儿留下疑问或兴趣点，供幼儿活动后学习与发展。

在幼儿园集体教学活动过程中，教师的提问很关键，好的提问能够有效激发幼儿学习的兴趣，能够引起幼儿的思考、探索，能把活动引向深入。教师在提问时可以把握一些小技巧：

（一）提问的思路应具有启发性，教师可以多问幼儿"为什么"，启发幼儿思考。

（二）提问的角度应具有开放性，这样可以鼓励幼儿说出不同的答案。答案没有唯一的标准，不仅可以培养幼儿的想象力，还可以提高幼儿的积极性。

（三）提问的范围应具有适宜性，问题最好贴近幼儿的生活，且容易被幼儿理解，这样的话题能够激发幼儿的兴趣。

（四）提问的方式应具有多样性，提问的方式不能局限于"教师问—幼儿答"的模式，也可以进行"幼儿问—教师答"或"幼儿问—幼儿答"的提问模式，这样不仅可以培养幼儿的问题意识，也可训练幼儿的思维方式，调动幼儿学习的积极性和主动性。

在集体教学活动实施中，面对幼儿的提问和遇到的问题，教师要灵活应对并进行有效的回应，没有回应的互动关系形同虚设。在现实的教学实践中，幼儿不会乖乖地走进教师预设的教学模式中，总会有一些突发奇想，生成教师毫无准备的新问题。遇到这种情况，教师要紧紧追随幼儿，捕捉来自幼儿的信息，耐心地与幼儿一起探讨、发现，时刻准备接住幼儿突然抛过来的问题，采取多变的回应策略，从而形成积极有效的师幼互动。

师幼互动可以改变传统的教学模式，使教师和幼儿在教学活动中处于平等的关系，在共同交流、共同讨论中，让幼儿积极主动和有效地获取知识，从而提高教学活动实施的效果。

有效指导幼儿游戏活动

游戏是幼儿最喜欢的活动，游戏符合幼儿的生活需要，不仅能给幼儿带来快乐，而且对他们身心和谐发展具有十分重要和独特的作用。游戏时，幼儿可以按自己的意愿自由自在地进行活动，在快乐的气氛中，通过自己的努力完成游戏任务获得成功的喜悦。游戏的内容和形式丰富多彩、灵活多样，幼儿在游戏中通过角色扮演能够体验到各种积极的情绪情感。

一、幼儿游戏的作用

（一）发展幼儿的肢体动作和运动能力

在游戏中，幼儿身体的各种器官都会得到活动。游戏中有全身运动，也有局部运动，有运动量大的活动，也有运动量小的活动。如户外体育游戏，包括攀登、追逐、跳绳、滑滑梯、走平衡木等游戏，能锻炼幼儿的基本动作并促进幼儿大肌肉群的发育，使其动作趋于协调，增强其运动能力。而室内的各种游戏，包括折纸、捏泥、插塑、穿珠等则能锻炼幼儿手部小肌肉群的协调能力，使其动作趋于精细。

（二）提高幼儿的感知能力

感知能力是幼儿认知活动的开端，是幼儿认识外界事物、增长知识、智力发展的通道。在游戏中，幼儿接触到各种质地的物体，并动用各种感官参与其中，通过眼看、耳听、口尝、手摸，了解各种事物

的特性，大大加强了感受性和观察力，促进了幼儿感知能力的提高。

（三）发展幼儿的思维能力

在游戏情境中发生的问题，更容易激发幼儿的思维积极性。为了游戏的开展，幼儿能"玩中生智"，找出更多解决问题的办法。

（四）发展幼儿的想象力

由于模拟、联想是幼儿游戏的普遍特征，游戏为幼儿提供了想象的充分自由，所以游戏可以激发幼儿的想象力。在游戏活动中，特别是角色游戏和建构游戏，能够巩固和加深幼儿对周围事物的认识。随着扮演角色和游戏情节的发展变化，游戏内容越丰富，想象力也就越活跃。

（五）发展幼儿的语言能力

幼儿期是口头语言发展的关键期，游戏为幼儿语言的实践提供了机会。游戏中不断出现的新情境和与游戏伙伴间的交流，不仅可以练习幼儿的发音、训练幼儿表达，还丰富了幼儿的词汇。

（六）发展幼儿的社会性

游戏为幼儿融入社会和游戏群体提供了训练交往的机会，使幼儿逐渐学会认识自己和同伴，学会正确处理与同伴间的关系，从而使社会交往能力得到提高。在游戏中，幼儿就游戏的主题、规则、玩法进行交流，协商由谁来扮演什么角色、怎样布置背景、怎样使用玩具等来共同完成游戏活动。这种幼儿间的交往互动，构成了幼儿实际的社会关系，使幼儿逐渐掌握人与人交往的规则，学会与同伴分享、互相谦让、合作等人际交往技能。

二、幼儿游戏的分类

皮亚杰是按幼儿认知发展对游戏进行分类的首创者。他认为游戏是随认知发展而变化的，并根据幼儿认知发展的阶段，把幼儿游戏分为感觉运动游戏、象征性游戏、结构游戏和规则游戏等。长期以来，

有效指导幼儿游戏活动

我国幼儿园习惯于依游戏的教育作用进行分类,将幼儿园游戏分成两大类:创造性游戏和规则性游戏。其中创造性游戏包括角色游戏、结构游戏、表演游戏;规则性游戏包括体育游戏、智力游戏、音乐游戏等。

(一)创造性游戏

创造性游戏充分体现了幼儿的自主性,是幼儿时期的典型游戏。此类游戏是幼儿创造性地反映生活内容的游戏,游戏由幼儿依自己的兴趣爱好和知识能力而创造性地进行。这类游戏以培养幼儿的创造性为显著目标。

1.角色游戏

角色游戏是幼儿按照自己的意愿,以模仿和想象,借助真实或替代的材料,通过角色扮演,创造性地再现周围社会生活的游戏,又称为象征性游戏。它是幼儿期最典型、最有特色的游戏。在角色游戏中,幼儿根据自己的生活经验和兴趣需要选择游戏主题、内容、材料,自行分配角色,自由创造游戏情节,他们可以无拘无束地自由表现对生活的认识和体验。

【案例】

"小医院"开张了,佳佳和依依来到"小医院"进行角色扮演游戏。她们先在"小医院"里逛了一圈,熟悉里面的环境。

佳佳说:"我要当医生,你来当病人。"

依依说:"我不要当病人,我也要当医生。"

佳佳:"那我来当医生,你来当小护士。"

依依同意了。

佳佳穿上医生服,戴上医生帽子。依依穿上护士服,戴上护士帽。

两人又来到医疗器械盒子前,拿起针管、听诊器、药盒、担架、分药勺等玩起来。她们完全被小医院里的丰富材料所吸引,到游戏结

115

束时还意犹未尽。

2. 结构游戏

结构游戏也称建构游戏，是幼儿利用各种建筑、结构材料进行建筑与构造物体形象，反映现实活动的一种游戏。材料包括积木、积塑、沙、土、金属部件等。在结构游戏中，幼儿利用各种材料按自己的愿望和想象进行构造，增进对事物的认识，发展想象力和创造力。

【案例】

到了区域游戏时间，恩恩、璐璐、超超来到结构区玩游戏，但是他们不确定搭建什么。

恩恩想搭城堡，璐璐想搭公园，超超想搭停车场。

几次争执不下，璐璐建议大家各玩各的，但是搭建的过程中发现材料不够。后来三人通过石头剪刀布的游戏，决定搭停车场，超超非常开心。

三人合作搭建成了停车场，然后往里面放汽车玩具，发现停车场太小了，放不了几辆小汽车，于是他们又创意地搭建出了两层停车场。

一次又一次地尝试，促使幼儿建构的作品更生动形象，他们也玩得很开心。

3. 表演游戏

表演游戏是指幼儿根据故事或童话等文学作品的内容和情节，通过扮演角色，运用语言、动作和表情进行创造性表演的一种游戏形式，如幼儿演出的童话剧、木偶剧和皮影戏等。表演游戏是一种创造性游戏，在表演游戏中，同一作品、同一角色会因不同幼儿的扮演而产生不同的效果，能充分发挥幼儿的主动性和创造性。表演游戏也可以是幼儿自发玩的游戏，如区域游戏里的表演游戏，可以给幼儿更多的自主性，深受幼儿喜爱。

有效指导幼儿游戏活动

【案例】

区域游戏开始了,幼儿们根据自己的意愿选择了不同的区域。

晨晨、依依、康康三个小朋友来到表演区,他们看看表演区里有什么好玩的。

康康转了一圈,没发现吸引他的地方就走了。

依依对晨晨说:"我们在舞台上比赛唱歌吧。"

晨晨:"可是没有观众啊。"

依依去找走掉的康康当观众,可是康康正沉浸于搭建活动中。

依依和晨晨去别的区域拉人,成功拉来了三位小朋友当观众。

观众到位,依依和晨晨开始在舞台上唱歌。

为了使观众们积极观看,她们还让三位小观众给她们投票,成功吸引了小观众的注意。

(二)规则性游戏

游戏规则是对游戏者在游戏中的游戏动作、行为、活动方式等提出的要求和规则。规则性游戏的规则是外显的、具体的、明确的。游戏者接纳同一规则,游戏才得以进行。规则是规则性游戏的主要手段,是核心内容。它可以约束或调整幼儿的行为,保证游戏目标的实现。

1. 体育游戏

体育游戏是以身体基本动作、情节、角色和规则组成的一种活动性游戏,也称运动性游戏、体能游戏,如"木头人""老鹰捉小鸡"等游戏。它增加了体育活动的趣味性和娱乐性,对培养幼儿对体育活动的兴趣、提高幼儿的体质具有重要作用。

【案例】

"老鹰捉小鸡"游戏规则和玩法如下:

首先选出两名幼儿分别做"老鹰"和"鸡妈妈",其他幼儿做"小鸡"依次排在"鸡妈妈"身后。

老鹰站在鸡妈妈对面,准备做捉小鸡的姿势。游戏开始后,老鹰转着圈去捉小鸡,小鸡在鸡妈妈身后躲闪。

为防止小鸡被老鹰捕捉,鸡妈妈的身体可以左右移动。在鸡妈妈身体左右移动的同时,鸡妈妈身后的小鸡们也要左右转动,防止被老鹰抓住。

如果小鸡们散开或者有小鸡被抓,即为一次游戏结束。下一次游戏开始时,被抓住或散开的小鸡做老鹰,新的一轮游戏开始。

2. 智力游戏

智力游戏是通过生动有趣的游戏形式,使幼儿在自愿、愉快的活动中增进知识、发展智力的一种有规则的游戏。如训练感官的智力游戏,主要是训练幼儿的听觉、视觉、嗅觉、触觉、方位知觉等各类感觉器官;训练注意力的智力游戏,主要训练幼儿注意的稳定性,扩大注意的范围,促进无意注意向有意注意发展,提高幼儿注意的分配和转移能力。也有发展幼儿思维能力和操作能力的智力游戏,如分类游戏、排序游戏等。

【案例】

请4名幼儿扮演4种动物,随音乐自由走动,并分别学动物的叫声。当音乐停止,小动物排成一纵队(随机)。教师提问:什么动物排在什么动物的前面,什么动物排在什么动物的后面,什么动物排在最前面,什么动物排在最后面。通过这样的游戏来训练幼儿分辨前后的能力,发展其方位知觉。

3. 音乐游戏

音乐游戏是以唱歌、舞蹈、律动、音乐欣赏等音乐活动为基础的规则游戏。主要目的是发展幼儿音乐感受能力和音乐表现能力。这种游戏生动有趣,表现力强,易于被幼儿掌握,又可以活跃和丰富幼儿的生活,是幼儿喜欢的游戏形式,如"抢椅子"游戏。

【案例】

"抢椅子"游戏的玩法与规则如下:

音乐响起,幼儿们围着椅子转圈,音乐停止,幼儿迅速找到一个椅子坐下,没有坐到椅子的人淘汰出局。淘汰者下场时,同时撤下一个板凳,继续进行第二轮。如此反复,直到选出最后胜利的人。

在玩游戏的过程中,要求幼儿的人数比椅子的数量多一。听音乐转圈时,幼儿之间不能推撞,安全第一。

三、幼儿园教师在游戏中的角色定位

在幼儿游戏中,幼儿和教师之间是一种动态的、相互作用的关系。教师以自己所具有的知识、能力、经验和智慧在不同的游戏情境和状态下扮演不同的角色,引领和支持幼儿游戏的发展。

(一)幼儿游戏的观察者

作为幼儿游戏的观察者,在幼儿游戏的过程中,教师要从多方面、多角度、多层次,认真细致地观察幼儿的游戏行为,倾听幼儿的游戏语言,准确了解幼儿在游戏中的表现,如游戏中幼儿之间的关系,幼儿与材料之间的关系,幼儿对游戏的态度,游戏持续的时间,等等。了解幼儿的兴趣和需要,遇到问题时能够及时作出调整。

(二)幼儿游戏的合作者

作为幼儿游戏的合作者,在游戏中,当幼儿遇到问题无法解决时、当幼儿的游戏无法推进时,当幼儿需要伙伴一同游戏时,教师要及时介入幼儿的游戏,或成为幼儿游戏的伙伴、合作者,充分发挥幼儿的积极性、主动性和创造性,最大限度满足幼儿不断变化的游戏需要。同时发挥教师的带动作用,在不影响游戏进程和游戏趣味的前提下,巧妙地将教育意图渗透于游戏过程中,促进幼儿的发展。

(三)幼儿游戏的支持者

丰富的游戏材料和良好的游戏环境,会直接刺激幼儿游戏的愿望，教师应当为幼儿提供丰富多样的、与幼儿的身心发展相适宜的游戏材料，以保证幼儿根据自己的兴趣和目标进行选择、探索、组合和改造。为了使环境中的材料能够得到充分的利用，教师还应当为幼儿提供使用材料的空间和时间，对环境进行合理组织和安排，为幼儿自主、尽兴、创造性地游戏提供有力支持。同时，教师也要做好游戏过程中的材料补充、更换，以推动游戏不断向着更高水平发展。

【案例】

在"看谁分得快"游戏中，教师提供了丰富的材料，如夹子、筷子、小勺、毛巾、吸管等，让幼儿尝试把绿豆从盐里面分离出来。

森森选择的是小勺子，试图用小勺子将绿豆从盐中分离出来，但是他分离出的绿豆带出很多盐，经过同伴的提醒，他放慢速度，分出的绿豆比之前干净很多。

玲玲选择用筷子分离绿豆，但是她在使用筷子的时候总是不顺利，比森森的速度慢了很多。琪琪看后，把毛巾递给玲玲，玲玲拿着毛巾无从下手。

几名幼儿聚在一起商讨自己的发现，不停地使用各种材料进行尝试，专注又尽兴。

见幼儿们兴趣盎然，教师又及时投放了筛子工具，新工具吸引着幼儿们。

玲玲叫喊着："我会用这个工具，我见妈妈用过。"说着玲玲把绿豆和盐一同倒进筛子里，然后轻轻晃动，就有盐漏出来，不一会儿筛子里就只剩下绿豆，成功完成分离游戏。

四、幼儿游戏的组织技巧

（一）创造性游戏的组织技巧

1. 角色游戏的组织

角色游戏的组织，应当以尊重和发挥幼儿的主体性为前提。角色游戏是幼儿表现和表达自己对现实生活的认识、理解、体验和感受的重要手段,教师应当尊重幼儿的兴趣和想法,给幼儿时间去思考、探索、想象,允许他们按照自己的节奏和想法进行游戏,给幼儿自主探索和尝试错误的机会,保证幼儿游戏的独立性和充分性。角色游戏的组织也要注意整合性,角色游戏具有自然整合不同课程领域的学习内容、促进幼儿整体发展的内在潜能,可以使幼儿园各领域的课程和内容得到有机整合,有利于幼儿的整体发展。

2. 结构游戏的组织

幼儿参加结构游戏,往往是从对结构游戏活动感兴趣开始的。教师应该注意利用多种方法吸引幼儿的好奇心,激发幼儿对构造活动的浓厚兴趣和创作欲望。结构材料是结构游戏展开的物质基础,在组织幼儿开展结构游戏时,应向幼儿提供种类丰富而有层次的结构材料,以供幼儿自主探索。结构材料可以包括积木、积塑、竹制品、金属材料、木塑等结构玩具,以及常见的沙、水等自然材料。同时,还应准备一些构造用的工具,如小铲、小桶、小锤、螺丝刀等,以及辅助材料,如胶泥、胶水、袋、线、树枝、各种盆、瓶、碗、半成品和一物多用的成品等。

3. 表演游戏的组织

在组织幼儿开展表演游戏时,要注意的问题是保持表演游戏的游戏性,而不是让它成为单纯的表演。表演游戏的表演性和游戏性并不是互不相容的,它们可以很好地融合交织在一起。游戏性应当是基本的,它观察和体现在整个游戏过程中;表演性则是逐渐提高完善的,由一般性表现向生动性表现发展,作为游戏的结果显现出来。

(二) 规则性游戏的组织技巧

在组织规则性游戏时,教师要熟悉游戏的任务、玩法和规则,考虑游戏的玩法和规则是否合理,明确游戏的每一步骤是什么,预测幼儿在游戏中可能出现的问题及解决办法,并思考组织幼儿游戏的可行

性方式。教师还要根据游戏的性质和内容，确定合适的游戏场地。体育游戏和音乐游戏一般需要相对宽敞的场地，以保证幼儿获得足够的活动空间，保证游戏取得预期的效果。在组织智力游戏时，要考虑幼儿思维的具体形象性，应根据幼儿的特点尽可能选取丰富、合适的游戏材料，激发幼儿参与智力游戏的兴趣。

五、幼儿游戏的指导策略

（一）与幼儿交谈

教师要意识到与幼儿说话交谈的过程是对幼儿的游戏发展施加影响的过程。谈话是幼儿交流能力发展的重要途径，也是了解幼儿游戏意图、兴趣、问题的有效途径。可以围绕某一主题进行交谈，也可以就游戏中的问题进行交谈，无论哪种目的的谈话，凡是有利于促进幼儿游戏发展的均可尝试。

【案例】

在"餐厅"游戏里，文文是店长，会会是厨师，琪琪是服务员。她们在一起包饺子，还有小动物形状的饺子，三个人看着她们的成果，期待能够大卖。

但是"餐厅"开张后，光顾她们生意的顾客并不多。

文文去别的区域里巡视一圈，各个区域都挺热闹，但是都不去光顾她们的生意。

教师走过去跟文文交谈起来："文文，你怎么不在你店里呢？"

文文说："店里没生意。"

"你们今天的主打食物是什么呢？"

"我们有很多好看和好吃的饺子。"

"那小朋友们知道你们卖好看和好吃的饺子吗？"

文文一愣。

教师继续说："你们这里有这么好吃的饺子，一定要让小朋友们知道哦，要不然浪费了呢。"

有效指导幼儿游戏活动

文文回去跟琪琪商量,琪琪说:"咱们在门口吆喝吧,我跟妈妈去饭店吃饭时见过。"

"我们也可以贴个牌子。"文文也想出办法。

于是文文画了一个饺子的牌子贴在门口,琪琪开始吆喝,果然吸引了不少小顾客光顾生意。

(二)向幼儿询问

询问的作用一是帮助教师了解幼儿的想法,避免把自己的想法强加于幼儿而造成对幼儿意图的曲解。二是帮助幼儿梳理思路,明确他们的想法和做法,如"你能给老师讲讲你画的是什么吗?""你在做什么呢?"等,引起幼儿的关注,促成有效询问。

【案例】

在"小超市"游戏中,邱邱和涵涵都想当售货员,经过自主解决,邱邱先当售货员,一会儿换涵涵。

邱邱在当售货员的同时,涵涵没闲着,她不停地往超市里搬东西。

教师好奇地上前询问:"你在做什么呢?"

涵涵说:"我在给超市采购啊,这样小超市一直都是满满的。"

"那你都采购了什么呢?"

涵涵得意地说:"很多哦,等会儿换我卖东西的时候,来买的小朋友会很多的。"

教师很高兴涵涵在游戏中的创新,还帮她搬了一些需要的东西。

(三)向幼儿提问

提问就是教师采用提问题的形式,鼓励和引导幼儿探索、思考与表达。提问是形成良好师幼互动的有效方法,同样的情境提出不同的问题,幼儿探究的主动性深度和广度是不一样的。提问是教师引导幼儿主动探究的技术之一,它能激励幼儿专注于游戏中的探索行为,有效实现幼儿的学习和发展。

教师所提问题应以开放性问题为主，尽量避免幼儿只需简单回答的封闭性问题。开放性问题的答案没有统一标准，易于激发幼儿的发散性思维。例如，"你怎么变出了这么好看的颜色？""我们怎样才能知道这里有多少块积木？"发散性提问没有限定的答案，能够培养幼儿的独创性和变通性，也有利于锻炼幼儿解决问题的能力。

（四）向幼儿建议

向幼儿提建议就是针对幼儿的实际问题，教师以直接或间接的方式向幼儿提出解决问题的方法或意见。在运用这种方法时，教师应注意自己的语气和态度，可以通过言语试探，或使用协商性的语言来要求或暗示幼儿，引导幼儿去做什么或如何做。应让幼儿感觉到教师像他们的朋友一样，是在与他们商量、合作，而不是命令。向幼儿提建议可以帮助幼儿明确自己的角色、扩展游戏的内容、开拓幼儿的思路等。

【案例】

游戏时间到了，教师在区域里投放了大纸箱。幼儿们一拥而上，有的钻进纸箱里，有的抬纸箱。

超超喊来依依："快来，你坐进纸箱里，我推你。"

见超超和依依玩得开心，辰辰过来说："我们一起抬吧，依依坐进纸箱里。"

"那叫抬花轿。"昊昊从一旁过来加入。

几名幼儿玩得开心了，有别的幼儿模仿他们的游戏，几人一组都玩起抬花轿。

过了好一会儿，教师过来建议说："如果你们把纸箱连起来玩游戏会怎么样？"

昊昊问："那怎么玩呢？"

"你们可以试试哦。"教师鼓励。

"那我们玩开火车吧。"诚诚说。

"好啊！好啊！"

只见他们把纸箱拼在一起，一名幼儿占据一个纸箱，诚诚喊着口令，幼儿们一起前进，"小火车"开起来了。

"真好玩啊！"幼儿们说。

（五）非言语指导

教师可以运用自己面部的各种表情来表达自己对于幼儿行为的态度和看法。教师的面部表情对幼儿的行为具有导向、强化等作用。教师应该更多运用积极的面部表情反馈，尽量避免消极的反馈。积极的面部表情有利于创造和谐的心理氛围，使幼儿获得心理上的安全感和被接纳感。

动作提示也是幼儿游戏中常用的指导方法，教师可以运用手势或身体其他部位的各种动作来为幼儿提供解决问题的方法和策略。一个手势在特定的情境下对幼儿具有特殊的作用，特别是在他们遇到困难需要鼓励和肯定的时候，会给他们带来精神力量和支持。

做好家庭教育指导工作

一、知道家庭教育的重要性

家庭教育不同于幼儿园教育和社会教育，它具有启蒙性、连续性、针对性、感染性、灵活性的特点。家庭是幼儿生存和发展的最初的也是最基本的社会生态环境。家庭环境和父母作用为幼儿提供了生存和生长所需的物质条件，为幼儿提供了适应生存和生长的感情环境和促进幼儿智能发展的物质环境。

家庭是人生的第一所学校，家长是孩子的第一任老师，家庭教育在潜移默化、耳濡目染中对人的一生发挥着独特而必要的基础性作用。随着时代的发展，社会逐渐重视家庭教育。为了发扬中华民族重视家庭教育的优良传统，引导全社会注重家庭、家教、家风，增进家庭幸福与社会和谐，培养德智体美劳全面发展的社会主义建设者和接班人，国家制定了《中华人民共和国家庭教育促进法》，更加注重家庭教育的引导。

【学习材料】

《中华人民共和国家庭教育促进法》中的"家庭责任"

第十四条　父母或者其他监护人应当树立家庭是第一个课堂、家长是第一任老师的责任意识，承担对未成年人实施家庭教育的主体责任，用正确思想、方法和行为教育未成年人养成良好思想、品行和习惯。

共同生活的具有完全民事行为能力的其他家庭成员应当协助和配合未成年人的父母或者其他监护人实施家庭教育。

第十五条　未成年人的父母或者其他监护人及其他家庭成员应当注重家庭建设，培育积极健康的家庭文化，树立和传承优良家风，弘扬中华民族家庭美德，共同构建文明、和睦的家庭关系，为未成年人健康成长营造良好的家庭环境。

第十六条　未成年人的父母或者其他监护人应当针对不同年龄段未成年人的身心发展特点，以下列内容为指引，开展家庭教育：

（一）教育未成年人爱党、爱国、爱人民、爱集体、爱社会主义，树立维护国家统一的观念，铸牢中华民族共同体意识，培养家国情怀；

（二）教育未成年人崇德向善、尊老爱幼、热爱家庭、勤俭节约、团结互助、诚信友爱、遵纪守法，培养其良好社会公德、家庭美德、个人品德意识和法治意识；

（三）帮助未成年人树立正确的成才观，引导其培养广泛兴趣爱好、健康审美追求和良好学习习惯，增强科学探索精神、创新意识和能力；

（四）保证未成年人营养均衡、科学运动、睡眠充足、身心愉悦，引导其养成良好生活习惯和行为习惯，促进其身心健康发展；

（五）关注未成年人心理健康，教导其珍爱生命，对其进行交通出行、健康上网和防欺凌、防溺水、防诈骗、防拐卖、防性侵等方面的安全知识教育，帮助其掌握安全知识和技能，增强其自我保护的意识和能力；

（六）帮助未成年人树立正确的劳动观念，参加力所能及的劳动，提高生活自理能力和独立生活能力，养成吃苦耐劳的优秀品格和热爱劳动的良好习惯。

第十七条　未成年人的父母或者其他监护人实施家庭教育，应当关注未成年人的生理、心理、智力发展状况，尊重其参与相关家庭事务和发表意见的权利，合理运用以下方式方法：

（一）亲自养育，加强亲子陪伴；

（二）共同参与，发挥父母双方的作用；

（三）相机而教，寓教于日常生活之中；

（四）潜移默化，言传与身教相结合；

（五）严慈相济，关心爱护与严格要求并重；

（六）尊重差异，根据年龄和个性特点进行科学引导；

（七）平等交流，予以尊重、理解和鼓励；

（八）相互促进，父母与子女共同成长；

（九）其他有益于未成年人全面发展、健康成长的方式方法。

第十八条　未成年人的父母或者其他监护人应当树立正确的家庭教育理念，自觉学习家庭教育知识，在孕期和未成年人进入婴幼儿照护服务机构、幼儿园、中小学校等重要时段进行有针对性的学习，掌握科学的家庭教育方法，提高家庭教育的能力。

第十九条　未成年人的父母或者其他监护人应当与中小学校、幼儿园、婴幼儿照护服务机构、社区密切配合，积极参加其提供的公益性家庭教育指导和实践活动，共同促进未成年人健康成长。

第二十条　未成年人的父母分居或者离异的，应当相互配合履行家庭教育责任，任何一方不得拒绝或者怠于履行；除法律另有规定外，不得阻碍另一方实施家庭教育。

第二十一条　未成年人的父母或者其他监护人依法委托他人代为照护未成年人的，应当与被委托人、未成年人保持联系，定期了解未成年人学习、生活情况和心理状况，与被委托人共同履行家庭教育责任。

第二十二条　未成年人的父母或者其他监护人应当合理安排未成年人学习、休息、娱乐和体育锻炼的时间，避免加重未成年人学习负担，预防未成年人沉迷网络。

做好家庭教育指导工作

第二十三条 未成年人的父母或者其他监护人不得因性别、身体状况、智力等歧视未成年人，不得实施家庭暴力，不得胁迫、引诱、教唆、纵容、利用未成年人从事违反法律法规和社会公德的活动。

良好的家庭教育是幼儿优秀品德形成的基石，在那些充满民主、爱心和责任感的家庭，在那些充满着父母教育智慧和有着良好教育策略的家庭，幼儿的道德品质会得到更好的塑造。

良好的家庭教育可以促进幼儿社会性的发展。教育幼儿明辨是非，不是一朝一夕的事情，家庭教育要持之以恒地注意教育、引导。特别是在电视、网络高度发达的今天，善恶美丑的事情时时刻刻都有可能进入幼儿的视野，幼儿缺乏辨别是非的能力，但有比成人更敏锐的感受能力，家长要注意采取科学的方法，针对具体问题进行及时、正确的引导，提高幼儿的鉴别能力，同时家长还要注意自己的行为举止，树立正面形象。

温馨、和睦、良好的家庭环境，能增强幼儿对家庭的依恋、归属感和安全感，家庭成员之间相互信任、相互尊重、互敬互爱，会使幼儿的身心得到健康发展。父母与孩子共同经历快乐的生活或接受挫折的考验，可以使幼儿更加热爱生活，有勇气积极地面对挫折，使幼儿的人格得以健全。

家庭是幼儿园重要的合作伙伴，它发挥着其他教育机构无法替代的使命和作用，家庭和幼儿园的协同教育有利于幼儿的健康成长与全面发展。

二、分析家庭教育中存在的问题

（一）低估幼儿

家长质疑幼儿的潜能，以主观的情绪和期待去看待幼儿，要求幼儿随自己的意愿行事，使幼儿变得习惯于依赖和被命令，变得缺乏思考力。家长应客观而清醒地分析幼儿的特点，让幼儿尝试挑战，失败

129

后总结经验,逐渐感受到成功的喜悦。

(二)溺爱幼儿

幼儿有任何要求,无论精神上的还是物质上的,家长都无条件满足,这造就了一些"小皇帝""小公主",使幼儿容易形成孤僻、自傲、任性、自私的性格。家长必须明白,关爱体现在心灵上的沟通,并不是行为上的干预,家长的溺爱、事事顺从、包办代替,等于剥夺了幼儿自我表现的机会,扼制了幼儿各项能力的发展。在家庭教育中,家长既要关心关爱幼儿,又要严格要求幼儿,做到情感与理智相结合,理性施爱,促进幼儿的健康发展。

(三)过度期待

许多家长望子成龙、望女成凤心切,对幼儿期待过高,无形中给幼儿造成了极大的心理负担,有悖于幼儿的发展特点。有的家长甚至早早地就教幼儿识字、背诗、学算术、学拼音、学外语,没有考虑"揠苗助长"的后果。这不仅给幼儿心理和生理造成负担,甚至可能会影响幼儿对学习的兴趣,从而产生逆反心理。家长在实施家庭教育时,要遵循渐进性原则,由浅入深、从易到难,逐步提高对幼儿的要求,让幼儿不断体验成功的快乐,最终达到身心健康发展的目标。

(四)教育不一致

教育一致性是树立家长权威不可缺少的保证,也是强化教育效果的重要手段之一。如果家长各行其是,不仅会使教育力量互相抵消,而且不利于幼儿良好人格的形成,幼儿也会因教育的差异而感到无所适从。所以,家庭成员对幼儿的教育要求要一致。等幼儿上了幼儿园以后,家庭教育也要和幼儿园保持一致,和幼儿园教育工作相互配合,否则会使得幼儿园的教育效果大打折扣。

三、指导家长具备科学的教育理念

由于家庭经济水平、家长素质、孩子认知水平及个性等方面的不

做好家庭教育指导工作

同,需要幼儿园教师对各个层次的家长作出指导,具有一定复杂性。家庭作为社会的基本组织形式,随着社会的发展变化而变化,家庭教育作为家庭的主要功能也随之发生变化,这对幼儿园教师指导家庭教育的能力提出了更高的要求。幼儿园教师要满足这一要求,必须秉持终身学习的理念,做好家庭调研工作,通过自学、自我反思等方式不断提高和充实自己。以专题讲座、培训班的形式使自己掌握家庭教育方面的基本知识、基本技能,增强教师做好家庭教育指导的能力。

家庭教育观念会对家庭教育行为产生直接影响。先进的家庭教育观念对提高和优化家庭教育质量能起到积极的促进作用,反之,将会对家庭教育效果产生消极影响。《指南》指出,要关注幼儿学习与发展的整体性、尊重幼儿发展的个体差异、理解幼儿的学习方式和特点、重视幼儿的学习品质,并以此为依据对家长进行明确的指导。家长须与时俱进,及时更新家庭教育观念,学习科学的家庭教育方法,掌握幼儿的身心发展特点,促进幼儿全面发展。

(一)幼儿是积极主动的学习者

幼儿具有独立的思想、意识和行为,他们对周围事物有着与生俱来的探究和学习愿望。幼儿天生具有一定的学习能力,他们通过感官、动作、语言与周围环境互动,无时无刻不在积极主动地学习与探索。家长应尊重幼儿自身的兴趣、需要和学习方式,支持和引导他们主动学习探究。

幼儿有着独立的思想,他们始终是学习的主体。如果在日常生活中家长不尊重幼儿的主观愿望,而是以成人的意愿去强迫幼儿学习的话,不仅起不到任何学习效果,反而会影响良好亲子关系的构建。

(二)幼儿在游戏中学习

游戏是幼儿的天性,游戏伴随着幼儿成长。幼儿在游戏中探索、发现、想象和创造,通过游戏认识周围世界、感受生活、享受快乐。家长应积极接纳并支持幼儿自由自在地游戏。在家庭中,家长还应创

　幼儿园新教师入职指导手册

造一切条件满足幼儿游戏的愿望。球类、棋类、迷宫类、竞技类、亲子涂鸦、亲子手工等，无论什么游戏，当幼儿表现出浓厚的兴趣时，家长都要抓住契机，陪幼儿一起玩起来。这是提升亲子质量的有效手段，更是培养幼儿专注力的大好时机。

（三）幼儿在交往中成长

幼儿在与同伴和成人交往的过程中，可以获得有益的生活经验，不断认识自己、了解他人。家长应满足幼儿渴望陪伴的需要，鼓励并支持幼儿主动与人交往，幼儿才能学习必要的交往技能。假期时，家长可以多带幼儿去一些公众场合，尤其是有同龄小伙伴的场合。一方面有利于培养幼儿的交流和表达能力，另一方面也能够使幼儿的交往能力得到发展，使幼儿在和小伙伴的交往中获取知识和技能。

（四）幼儿的发展遵循一定规律又有明显的个体差异

幼儿的发展有一定的规律和特点，在发展的顺序和阶段上大致相同，但是每个幼儿的发展速度和表现又不完全一致。家长要充分理解和尊重幼儿的发展差异，了解幼儿成长的独特性，允许幼儿按照自身的节奏和方式学习发展。

尊重每个孩子的个体差异性，是每一位家长都应该坚持的教育理念。

（五）建立稳定的家庭关系，让幼儿享受家庭关爱

家庭对幼儿的影响从一出生就开始了，并伴随幼儿终生。家庭中形成的早期经验对幼儿的情绪情感、性格、行为、智力及价值观等方面有着深刻的影响。在一个家庭中，家长的身教重于言教，父母相处的样子就是幼儿和他人相处的榜样。父母的作用任何人都取代不了，父母的关爱和陪伴是幼儿获得安全感、归属感，形成良好情绪情感的重要基础。

家长要多亲吻、拥抱、爱抚孩子，经常和孩子一起游戏、聊天、讲故事。在良好家庭关系中成长的孩子，情感积极稳定，能主动、自

做好家庭教育指导工作

信地应对未来生活。

（六）走进大自然，给幼儿创造学习和探索的机会

大自然为幼儿学习和探索提供了广阔的空间。家长要经常带幼儿接触大自然，在观察花鸟树木、玩沙玩水中体验到自然的奇妙和探究的乐趣。

家长要注意保护幼儿的好奇心与探究欲望，和他们一起感受、发现和分享对周围事物和现象的认识。支持幼儿用自己的方式感知事物、发现规律、积累经验、解决问题，不要过多干扰幼儿的活动，容忍、接纳幼儿的一些"破坏"行为。

家长还要细心观察幼儿的探究过程，了解他们的兴趣和需要，在必要时启发他们思考，让他们尝试去寻找问题的答案。

（七）关注幼儿的学习过程，培养自尊、自信和规则意识

幼儿的学习是在游戏和日常生活中进行的，家长要创造条件鼓励幼儿运用多种感官和动作进行操作和体验。家长应该关注幼儿是否获得了丰富的生活感受和体验，是否在探究过程中有独立的思考和经验积累，能否用已有经验分析解决新问题，以及能否形成良好的学习兴趣和习惯。通过日常生活或游戏，家长要让幼儿体验规则的必要性，使幼儿认识到规则是对自己的一种保护，引导幼儿逐步调整自己的需要和行为，养成遵守规则的习惯。幼儿之间发生冲突，不要急于干预，鼓励他们自己想办法解决。

日常生活中，家长要注意及时并积极地对幼儿的需求给予回应，肯定幼儿独特的视角和想法，帮助他们认识到自己的价值和独特性。

在幼儿和他人的互动过程中，家长要帮助幼儿感受与同伴交往的快乐，体会幼儿园集体的温暖，形成认同感和归属感。

四、掌握家庭教育的指导要点

我国著名教育家陈鹤琴先生说："幼儿教育是一种很复杂的事情，

不是家庭一方面可以单独胜任的,也不是幼儿园一方面能单独胜任的,必定要两方面共同合作方能得到充分的功效。"幼儿园教师应本着尊重、平等、合作的原则,通过多种途径丰富家园共育的内容,努力做好家长工作,争取家长的理解、支持和主动参与;积极引导家长树立正确的教育观念,掌握科学的教育方法,帮助家长提高家庭教育能力,使幼儿在家庭和幼儿园合力的作用下获得更为理想的发展。为进一步深化家庭教育指导服务,提高全国家庭教育总体水平,促进儿童全面健康成长,2019年5月,全国妇联、教育部等九部门印发《全国家庭教育指导大纲(修订)》,为幼儿园开展家庭教育指导工作指明了方向。

【学习材料】

《全国家庭教育指导大纲(修订)》中
"3—6岁儿童的家庭教育指导"

1.3—6岁儿童的身心发展特点

这是儿童身心快速发展的时期。儿童的身高和体重稳步增长,大脑、神经、动作技能等获得长足的进步;自我独立意识增强,开始表现出一定兴趣、爱好、脾气等个性倾向;初步具备自我情绪调节能力;愿意与同伴交往,乐于分享;学习能力开始发展,语言表达能力强;依恋家长,会产生分离焦虑;处于道德他律期,独立性、延迟满足能力、自信心都有所发展。

2.家庭教育指导内容要点

(1)积极带领儿童感知家乡与祖国的美好。指导家长通过和儿童一起外出游玩、观看影视文化作品等多种形式,了解有关家乡、祖国各地的风景名胜、著名建筑、独特物产等;适时向儿童介绍国旗、国歌、国徽的含义,带领儿童观看升国旗、奏国歌等仪式,培育儿童对家乡和祖国的朴素情感。

(2)引导儿童关心、尊重他人,学会交往。指导家长培养儿童尊重长辈、关心同伴的美德；关注儿童日常交往行为，对儿童的交往态度、行为及时提供帮助和辅导；结合实际情境，帮助儿童理解他人的情绪，了解他人的需要，做出适当的回应；引导儿童学会接纳差异，关注他人的感受；培养儿童多方面的兴趣、爱好和特长，增强儿童与人交往的自信心；经常带儿童接触不同的人际环境，为儿童创造交往机会，帮助儿童学会与同伴相处。

（3）培养儿童规则意识，增强社会适应性。指导家长结合儿童生活实际，为儿童制定日常生活规范、游戏规范、交往规范，遵守家庭基本礼仪；要求儿童完成力所能及的任务，培养责任感和认真负责的态度；有意识地带儿童走出家庭，接触丰富的社会环境，提高社会适应性；在儿童遇到困难时以鼓励、疏导的方式给予必要的帮助与支持。

（4）加强儿童营养保健和体育锻炼。指导家长积极带领儿童开展体育活动；根据儿童的个人特点，寻找科学合理又能被儿童接受的膳食方式；科学搭配儿童饮食，做到营养均衡、比例适当、饮食定量、调配得当；科学管理儿童的体重，学习关于儿童营养的科学知识；与儿童一起制定合理的家庭生活作息制度，培养儿童良好的生活和卫生习惯；定期带儿童做健康检查。

（5）丰富儿童感性经验。指导家长重视生活的教育价值，为儿童创设丰富的教育环境，带领儿童关心周围事物及现象，多开展接触大自然的户外活动，参观科技馆、博物馆、美术馆等，开阔儿童的眼界，丰富儿童的感性经验；尊重和保护儿童的好奇心和学习兴趣，支持和满足儿童通过直接感知、实际操作和亲身体验获取经验的需要，避免开展超出儿童认知能力的超前教育和强化训练。

（6）提高安全意识。指导家长尽可能消除居室和周边环境中的危险性因素；结合儿童的生活和学习，在共同参与的过程中对儿童实施安全教育；重视儿童的体能素质，提高其自我保护能力，减少儿童伤害。

(7) 培养儿童生活自理能力和劳动意识。指导家长鼓励儿童做力所能及的事，学习和掌握基本的生活自理方法，参与简单的家务劳动，在生活点滴中启发儿童的劳动意识，保护儿童的劳动兴趣。

(8) 科学做好入学准备。指导家长重视儿童幼儿园与小学过渡期的衔接适应，充分尊重和保护儿童的好奇心和学习兴趣，帮助儿童形成良好的任务意识、规则意识、时间观念，学会控制情绪，能正确表达自己的主张，逐步培育儿童通过沟通解决同伴问题的意识和能力；坚决抵制和摒弃让儿童提前学习小学课程和教育内容的错误倾向。

五、掌握指导家庭教育的途径

（一）家园联系手册

家园联系手册是指教师采用书面通信方式与家长保持联系，是幼儿园使用得较为普遍的一种与家长联系的方式，是一种重要的家庭教育指导形式。家园联系手册可以用来交流幼儿在家、在园的表现，交换对幼儿的评价，共同商讨教育幼儿的形式。

家园联系手册的主体内容包括幼儿在家、在园两个教育环境中的活动记录和发展评价，还可以根据不同年龄阶段幼儿的活动特点和各个领域的发展目标来列出记录项目，然后教师和家长根据幼儿的表现，进行相关内容的评定。家园双方填写意见和建议的时候，都要采取友好、平等、协商的态度来进行。

（二）家访

家访有助于教师真实、全面地了解幼儿在家的表现，感知幼儿家庭的互动方式，了解家长的教养态度、方法以及幼儿家庭和周围环境对幼儿身心发展的影响。同时，通过家访，家长更容易接受教师的建议，与教师达成共识，教师指导家庭教育的工作更易实现。在家访中，家长更容易就幼儿的问题和自己的观点进行清晰的表达，加上教师具有针对性的分析，双方的交流会更加顺畅。家长将会对自己的教育方式、行为进行更深入的反思，提升在幼儿园教育中的配合度。

　　需要注意的是，在家访前教师需要做充分准备，制订家访计划，针对每一名幼儿的特点，设计好内容，预先通知家长，约定时间。家访时，教师态度要和蔼可亲、语言要简洁易通，不让家长感到拘束，不随便在幼儿家里吃饭，不收家长的馈赠，更要做好家访记录，详见下表。

幼儿园家访情况记录表					
时间		家庭住址		班级	
教师		家访对象			
家访目的					
家访对象的家庭教育情况					
家庭教育指导策略					
遗留问题					

（三）座谈会

座谈会的话题既可以由教师根据教学主题或者幼儿发展情况等方面来确定，又可以提前向家长发放问卷，获取家长最想了解的问题，并选取其中较有集体讨论价值的问题作为主题。各个年龄阶段幼儿的家长都有一些共同担忧的问题，希望得到教师的引领。因此，教师在幼儿每一阶段都应该围绕家长担心的一些问题召开座谈会，起到解惑和引领的作用，及时作出指导。

现在的家长非常注重对幼儿的家庭教育，也积累了很多教育幼儿的方法。可以让家长做座谈会的主角来介绍个人的育儿经验，与其他家长分享育儿过程中的心得，对于其他家长来说，经验鲜活，方法具体，易于迁移。

需要注意的是，在组织座谈会时，教师在全程都要起到聚焦主题的作用。对于一些相对正确的观点，教师可以及时提纲挈领地总结一下，帮助大家获得一些聚焦性的认识。对于一些有异议的观点，教师可以引发大家讨论和质疑，从不同角度阐述，帮助大家达成一些认识，让家长感受到与教师交流是有收获的。

（四）家长会

家长会作为幼儿园常规家长工作的一种形式存在已久，家长会的好处在于班级家长都能集中在一起共享信息、共商教育，是一种高效的家长工作形式。为了发动家长更好地配合幼儿园的保教任务，幼儿园都要在学期初、学期末定期召开家长会。家长会不仅可以在学期初向家长介绍具体的工作计划、学期末向家长汇报幼儿一学期的变化进步，还可以通过家长会向家长传递科学的教育理念和方法，指导家庭教育工作，提高家长的自身素质。在学期的中间，如果有需要也可以不定期召开家长会，让家长看到自己孩子存在的问题，同时通过观看活动，让家长学习解决问题的方法，提高家长在家进行家庭教育的效果。

做好家庭教育指导工作

【案例】
幼儿园家长会活动方案

活动目标：

1.通过家长会向家长宣传幼儿园的工作、要求，宣传科学的育儿知识、经验，让家长了解教养幼儿必须遵循的规律，坚持严爱结合、正面教育、以身作则以及教育一致性等原则，帮助家长提高教育能力。

2.教师与家长将幼儿在园、在家的情况相互交流，共同研究教育的方法，相互配合并反馈教育效果，促进幼儿发展。

3.针对家长在教育幼儿过程中的困惑，提出科学的指导建议。

活动准备：

1.给家长发放一份调查问卷，收集家长在教育幼儿过程中的困惑。

2.给每位家长发送通知或邀请函，明确家长会的时间、地点、目的。

3.教师发言稿的准备。

4.家长签到表、意见反馈表的准备。

5.幼儿在园学习和生活的照片、视频。

6.提前布置会场。

7.《中华人民共和国家庭教育促进法》学习材料。

活动流程：

1.家长签到。

2.教师发言。

3.教师向家长展示幼儿在园学习和生活的照片、视频，感受幼儿在幼儿园的快乐生活和点滴进步。

4.请家长阐述幼儿在家的表现，教师根据实际情况进行评价。

5.教师根据之前家长的调查问卷，就共性问题进行经验分享，就

幼儿园新教师入职指导手册

个别问题进行有针对性的指导。

6.向家长发放《中华人民共和国家庭教育促进法》的学习材料，普及家庭教育的重要性。

7.向家长宣传科学的家庭教育理念和教育方法，指导家长更加科学地实施家庭教育。

8.家长填写意见反馈表。

9.家长代表发言，分享心得体会。

10.教师总结性发言，家长会结束。

（五）家长开放日

家长开放日是幼儿园在特定的时间向家长开放本班的各种教育教学活动。请家长走进幼儿园，可以让家长了解幼儿在园的一日生活，了解幼儿园的教育内容和方法，了解教师的教育方式，从而与幼儿园形成有效的教育合力。通过参与开放日活动，有助于家长将自家孩子的发展状况与班级中其他孩子进行横向比较，全面了解和把握孩子的发展水平，并采取适宜的教育措施。

家长开放日是幼儿园与家长沟通的重要方式。在家长开放日这个特定的活动中，双方是一种互动互助的关系，双方共同关注幼儿的成长。教师应留出一定的时间让家长相互交流，不同类型的家长在活动中的收获是不同的，这种差异恰恰为交流提供了可能性。教师应该鼓励家长根据自己的观察，讲述自己在活动中的心得以及发现的问题、产生的疑惑。教师不要急于对家长的发言进行评价，也不要急于辩解，而应鼓励其他家长就这一问题发表自己的见解，这样才能形成一种真正的讨论氛围。教师可以做总结性发言，也可以针对家长的疑惑或需要解决的问题做具体的指导，帮助家长在家里开展家庭教育，家园携手共同促进幼儿健康成长。

做好家庭教育指导工作

【案例】

幼儿园家长开放日活动方案

活动时间：

某年某月某日上午

活动地点：

某某幼儿园

活动目的：

1.增进教师与家长的交流，向家长宣传新的教育观、儿童观，更新家长家庭教育理念。

2.让家长了解幼儿在园的生活、学习情况，了解幼儿园的教育工作，能主动配合幼儿园的教育工作。

3.根据家长在开放活动中与幼儿的互动方式，推测其家庭教育方式，从而给予有针对性的指导，提高家长家庭教育的能力。

4.协调好幼儿园教育与家庭教育的关系，进一步推进家园共育。

活动形式：

以班级为单位进行活动。

活动准备：

1.通过家园联系栏告知家长具体的活动时间、地点、注意事项，请家长做好准备。

2.准备好家长签到表和意见反馈表。

3.做好早操、早锻炼的展示准备。

4.各班教师准备好活动需要的各类材料，保育员做好各项卫生、消毒及保健工作。

活动流程：

7：30—8：00热情接待幼儿和家长来园，播放轻音乐，并做好家长的签到工作。

8：00—8：15晨间活动，引导幼儿自由游戏。

8：15—8：50幼儿吃早餐。

9：00—9：20组织幼儿早操，要求幼儿动作整齐、有力，精神饱满，能够有序地进退场，达到早锻炼的要求和效果。

9：30—10：00第一节教学活动展示。

10：00—10：10吃间餐，给幼儿分发间餐。

10：10—10：40第二节教学活动展示。

10：50—11：10户外活动时间。

11：10—11：50幼儿吃午餐。

12：00—12：15组织幼儿午睡前散步。

12：15组织家长填写意见反馈表，请家长提出合理的意见和建议，帮助家长解决疑难问题，使家长开放日活动真正成为幼儿园、家庭的合作活动。同时，教师根据家长在开放活动中与幼儿的互动方式，针对家长存在的问题进行有针对性的指导，提高家长家庭教育的教育理念和教育能力。

（六）亲子游戏

亲子游戏要以亲子情感连接为基础。在游戏中，亲子之间围绕着共同的游戏主题，通过表情、动作、手势、语言等符号进行面对面的交流。这种交流一方面给亲子双方带来更大的满意度，缩短了交往双方的心理距离，强化了相互影响的效果；另一方面消除了交往双方的情绪紧张性，使幼儿在父母面前不受拘束，放松心情。幼儿园组织亲子游戏是教师有目的、有计划地组织家长与幼儿共同进行的游戏，具有较强的指导性，可以使家长在活动中获得正确的育儿观念和方法，逐步了解培养、教育幼儿的重要性，并反思自己的家庭教育做法，将观念和方法融入与幼儿相处的每一刻，提高家长的教育水平。

需要注意的是，在亲子游戏中，家长既是活动的承载者又是活动的传递者，教师必须尊重家长，以平等合作的态度对待家长，同家长共同商量，取得家长的支持与配合，引导家长与幼儿之间进行交流，并学会观察、指导幼儿。家长的重视和坚持，以及对幼儿的理解、支持、鼓励与配合等，都有助于良好的亲子教育氛围的形成，可以促进家长和幼儿的共同成长。

（七）家长助教活动

家长助教活动是邀请有专长的家长走进幼儿园，和教师一起组织教育活动，为幼儿的成长提供帮助和支持的一种活动。在家长助教活动中，教师是活动的发起者、组织者、参与者，家长是活动的援助者、支持者，大家共同的目标是促进幼儿全面、和谐发展。

幼儿家长的职业涉及各行各业的领域，其专业知识性较强。作为教师，应当充分地意识到家长在具体教育教学活动中的优势，以便于家长共同配合，提升教育教学活动的效果。值得注意的是，家长所掌握的专业知识较为深奥，若是不对相关知识进行加工处理，幼儿难以做到很好的理解。这样来看，教师就应当与家长共同商讨，提取适合幼儿年龄阶段的知识要点，把握好知识的难易程度。可见，在选取家长讲解内容的环节上，需要教师做好相应的指导，才能达到较好的教育效果。

家长助教活动对家长们而言也是不可多得的机会。第一，家长们平时忙于工作，无暇顾及幼儿心理情况和成长变化，即便晚上回家与幼儿亲近，时间也相当有限。而家长助教活动无疑提供了一个极好的机会，让家长与幼儿在幼儿园培养亲情。第二，家长们的育儿经验相对有限，但是通过家长助教活动，一则可以从幼儿园教师那里学习到教育方法，二则可以与其他家长探讨学习经验，取长补短，为我所用，是一个很好的学习平台。通过一系列的家长助教活动，可以使家长的育儿观念有较大进步，懂得生活即教材，教材来源于生活；懂得如何跟幼儿进行对话，学会引导；懂得如何去评价幼儿，关注幼儿已有的和潜在的发展，有效地帮助家长科学实施家庭教育。

（八）成立家长委员会

幼儿园家委会由家长代表组成，代表全体家长参与幼儿园民主决

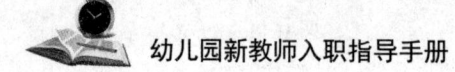

策、民主管理、民主监督和咨询，是幼儿园联系广大家长的桥梁和纽带。幼儿园可以给家长委员会开展形式多样的培训活动，包括专家讲座、报告、案例分享等，使家委会成员切实了解科学的教育理念和方法，并了解幼儿园的教育特色和工作内容。家委会的成立也拉近了家长与教师之间的距离，发挥了家长的能动性。然后，以少数带动多数，可以辐射更多家长，使家长了解到教育幼儿不是幼儿园单方面的事情，需要家长的配合与教育，同时知道家庭教育的重要性，学习科学的教育理念，寻求科学的教育方法，从而科学地实施家庭教育。

预防应对幼儿园常见疾病

一、水痘

(一) 病情分析

水痘是具有高度传染性的儿童常见疾病,好发于2—6岁,冬春两季多发。该病为自限性疾病,病后基本可获得终身免疫,也可在多年后感染复发而出现带状疱疹。水痘起病较急,可经呼吸道飞沫或直接接触传染,患者是唯一的传染源。

(二) 症状表现

水痘出现前可有发热、头痛、无力、恶心、呕吐、腹痛等前驱症状,或者症状同时出现。发出的疱疹呈卵圆形,壁薄易破,周围绕以红晕。

(三) 预防方法

1. 接种水痘疫苗。
2. 严格落实晨午检和因病缺勤幼儿的病因追查,做到早发现、早隔离、早预防。
3. 加强锻炼,增强幼儿免疫力。
4. 开窗通风换气,勤换、勤洗、勤晒衣服和被褥。

(四) 应对措施

1. 发现幼儿患病应及时隔离、治疗,隔离至皮疹全部干燥、结痂，没有新的疱疹出现。

2. 多饮水，多休息。饮食宜清淡、易消化，以流食为佳。

3. 保持幼儿皮肤清洁，注意修剪指甲和经常洗手，以减少抓破皮肤引起继发感染。

4. 病情严重时，需在医生指导下用药。

二、麻疹

（一）病情分析

麻疹是儿童最常见的急性呼吸道传染病之一，其传染性很强，主要通过患者打喷嚏、咳嗽和说话时产生的传播。麻疹病毒抗原性稳定，病毒抵抗力不强，对干燥、日光、高温均敏感。麻疹感染过程中由于体内免疫力低下，很容易继发其他病毒或细菌性感染，尤其要注意环境卫生。

（二）症状表现

麻疹主要表现为发热、流涕、咳嗽、眼结膜充血、口腔黏膜有红晕的灰白小点（柯氏斑）、全身出现红色皮疹等症状。皮疹最先出现于耳后、发际，后逐渐蔓延至头面部、躯干、四肢、手心、脚心。

（三）预防方法

1. 及时完成接种疫苗。

2. 室内勤通风，保持室内卫生。

3. 加强锻炼，补充营养，增强体质。

4. 检测幼儿健康状况，做到早发现、早隔离。

（四）应对措施

1. 隔离幼儿，多休息，多喝水。

2. 患儿的口腔应保持湿润清洁，可采用盐水漱口。

3. 及时修剪幼儿的指甲，避免因为发痒抓伤。

4. 遵医嘱用药。

5.密切观察病情，出现合并症立即就医。

三、手足口病

（一）病情分析

手足口病是由肠道病毒引起的幼儿传染性疾病，病毒寄生在患儿的咽部、唾液、疱疹和粪便中，不仅可通过唾液，打喷嚏、咳嗽、说话时的飞沫传染给别的幼儿，还可通过手、生活用品及餐具等间接传染。一旦流行，就会使很多幼儿被感染。

（二）症状表现

患者口腔内在舌、硬腭、颊黏膜、齿龈上发生水疱，有时在手足、臀部发生红色的斑丘疹，很快发展为水疱。

（三）预防方法

1.制定幼儿园手足口病防控工作预案，宣传教育手足口病知识。

2.每天进行晨检、午检和全日健康观察，及时掌握幼儿健康状况。

3.养成幼儿良好的生活、卫生习惯。

4.加强有关不饮生水、不吃过期变质食品、饭前便后要洗手等教育，增强幼儿的自我保护意识和能力。

5.加强营养，注意膳食合理搭配，保证休息时间，增强自身的免疫力。

（四）应对措施

1.隔离患儿，患儿的餐具、日常用品应专用，用后消毒。

2.多饮水，多休息。饮食宜清淡、易消化，以流食为佳，饭后漱口，保持口腔清洁。

3.患儿可在家中治疗、休息，避免交叉感染，痊愈后才可返回幼儿园。

4.病情严重时，需在医生指导下用药。

四、流行性腮腺炎

（一）病情分析

流行性腮腺炎，简称腮腺炎，是由腮腺炎病毒感染所致的急性自限性呼吸道传染病，通过飞沫传播。流行性腮腺炎主要发生于儿童，全年均可发病，但以冬春季节发病率最高。腮腺炎病毒抗原较稳定，尚未发现明显变异，感染后一般可以获得持久性免疫甚至终身免疫，再次感染者较为罕见。

（二）症状表现

起病大多较急，有发热、畏寒、头痛、咽痛、食欲不佳、恶心、呕吐、全身疼痛等，数小时腮腺肿痛，逐渐明显。腮腺肿胀最具特征性，一般以耳垂为中心，向前、后、下发展，状如梨形，边缘不清；局部皮肤紧张，发亮但不发红，触之坚韧有弹性，轻触有痛感。

（三）预防方法

1. 接种腮腺炎疫苗。
2. 检测幼儿健康状况，做到早发现、早隔离。
3. 要经常漱口，注意口腔卫生，养成良好的个人卫生习惯。
4. 避免到人员拥挤的公共场所。

（四）应对措施

1. 隔离患儿，防止传染他人。
2. 患儿的鼻咽分泌物要及时清理，毛巾、餐具等要煮沸消毒，并与其他人分开使用。
3. 多喝水，吃流质或半流质食物，避免吃酸辣的食物。
4. 腮腺肿大时，可冷敷，也可外敷清热解毒的中草药膏。

五、上呼吸道感染

（一）病情分析

上呼吸道感染是由细菌或病毒感染引起的，波及上呼吸道全部或

预防应对幼儿园常见疾病

部分的炎症，是幼儿常见的疾病。因幼儿的鼻腔比成人短，无鼻毛，鼻咽部黏膜柔嫩，而且血管丰富，防御力差，易感染该疾病，也会导致幼儿出现急性鼻咽炎、急性扁桃体炎等。气候突变、空气污染、免疫力低下等都可以成为该病的诱发因素。

（二）症状表现

患病后大多表现为鼻塞、打喷嚏、流鼻涕，随之出现咽部疼痛、吞咽困难、咳嗽或伴有发热。

（三）预防方法

1. 加强体育锻炼，适量增加幼儿的运动及户外活动，增强机体自身抗病能力。

2. 注意卫生，做到饭前便后洗手。

3. 合理饮食，增加食物的多样性，保证幼儿营养。

4. 根据季节随温度增减衣物，增强幼儿对环境温度改变的适应能力。

5. 少带幼儿到人多的公共场所，减少患病概率。

（四）应对措施

1. 室内保持空气流通。

2. 多饮水，多休息。饮食宜清淡、易消化，以流食为佳。

3. 发热时，优先进行物理降温，病情严重时应及时就医。

六、急性扁桃体炎

（一）病情分析

扁桃体位于扁桃体隐窝内，是人体呼吸道的第一道免疫器官，抵制和消灭自口鼻进入的致病菌和病毒等病原微生物。当幼儿抵抗力下降时，外界的细菌和病毒（溶血性链球菌）就会大量繁殖并侵入扁桃体而发生炎症，称为扁桃体炎。幼儿在疲劳、受凉后容易发病。如治疗不彻底，可转为慢性扁桃体炎。

149

（二）症状表现

咽痛、畏寒、发热、头疼、乏力、肌肉酸痛。

（三）预防方法

1. 加强锻炼，增强身体的抵抗力。
2. 爱护口腔卫生，养成良好的生活习惯。
3. 早晚刷牙、饭后清水漱口，避免食物残渣存在口腔中。
4. 气候变换季节，要注意为幼儿保暖，防止受凉感冒。

（四）应对措施

1. 多饮水，多休息。
2. 饮食宜清淡、易消化，以流食为佳，不要吃辛辣刺激的食物。
3. 遵医嘱服用药物。

七、急性中耳炎

（一）病情分析

急性中耳炎以婴儿及幼童为主，在冬季多发，严重情况下可导致失聪。急性中耳炎的致病菌多为金黄色葡萄球菌、溶血性链球菌。侵入途径有三条，经咽鼓管、外耳道或中耳。

正常人鼻咽部和耳朵是相通的，从鼻咽部到中耳之间的这条通道叫咽鼓管，幼儿的咽鼓管比较短而宽，而且呈水平位置，一旦发生上呼吸道感染，病原体很容易经过咽鼓管进入中耳引起急性炎症。

（二）症状表现

突然发生的耳痛，常伴有感冒或咳嗽。鼓膜穿孔前，耳内会出现搏动性疼痛，甚至影响睡眠和进食。严重者会出现剧烈疼痛，耳鸣、听力下降。若耳膜穿孔，有脓液流出，耳痛减轻。

（三）预防方法

1. 预防感冒是预防中耳炎的基础，幼儿感冒的时候，要特别注意他的耳部是否有异常，尤其是对得过中耳炎的幼儿更要予以重视。

预防应对幼儿园常见疾病

2. 注意耳部卫生和保持耳部干燥。

3. 多吃新鲜蔬菜和水果，不要吃辛辣刺激的食物。

4. 给幼儿挖耳朵时，动作要轻柔，避免损伤耳内的皮肤黏膜而引起感染。

（四）应对措施

1. 多饮水，多休息。

2. 饮食宜清淡、易消化，以流食为佳。

3. 患儿应遵照医嘱使用药物进行连续治疗，高热者应对症处理。

八、腹泻

（一）病情分析

幼儿胃肠道及多脏器发育不够成熟，如果饮食不当，食物不能充分消化和吸收，积滞于肠道，致使消化功能紊乱，就会引起腹泻。严重腹泻时会使机体大量脱水。

（二）症状表现

大便次数增多、排稀便和水电解质紊乱。

（三）预防方法

1. 做好日常饮食卫生和餐具的消毒工作。

2. 教育幼儿注意饮用水卫生，培养幼儿良好的饮食卫生习惯。

3. 饭前便后洗手，注意清洁。

4. 加强身体锻炼，提高身体素质。

（四）应对措施

1. 注意患儿腹部保暖，避免受风寒。

2. 保护好患儿的臀部皮肤，及时用温水清洗，并涂药膏，防止红臀。

3. 饮食宜清淡，易消化，不能食用高糖食物，防止加重腹泻。

4. 病情严重时，应及时就医。

灵活处理幼儿园意外伤害

一、摔伤

（一）原因分析

1. 幼儿的身体处于生长发育阶段，他们在蹒跚走路的过程中，由于自身和外部的因素，极易导致摔伤。

2. 在日常活动中，幼儿的互相推拉、追跑、打闹等不当行为所引起的摔伤。

3. 幼儿做一些危险动作，或者模仿危险动作。

4. 玩游戏时不小心撞到建筑物或玩具。

5. 自身衣着不合适导致摔倒，或者被自己的鞋带绊倒。

6. 幼儿园的建筑或设施设备老损。

7. 地面太滑。

（二）处理方法

1. 如果是轻伤，根据受伤部位的情况及时上药，并随时观察，若有特殊情形立即送医。

2. 若伤口出血较多，应用干净纸巾或手绢压迫伤口后送医。

3. 如果头部撞伤，须注意观察幼儿有无呕吐、头痛、抽筋等，只要出现上述症状之一就要立刻送医。

4. 伤及手脚且有疼痛、变形或骨折现象，不可随意移动，应立即

灵活处理幼儿园意外伤害

送医。

二、烫伤

（一）原因分析

1. 打饭、吃饭被烫伤。

2. 接热水、喝热水被烫伤。

3. 幼儿没有安全意识，导致同伴或自己被烫伤。

4. 火灾时火苗伤及身体。

5. 爆炸时引起烧伤。

（二）处理方法

1. 食物温度在40度以上时不应取出厨房，避免幼儿由于缺乏安全意识导致自己或同伴被烫伤。

2. 如果幼儿不小心被烫伤，应及时用冷水冲泡降温。如果身上还沾有热粥、热菜等，要尽快清理干净，保持伤口清洁。轻度烫伤可用烫伤膏涂抹伤处，严重者要及时就医。

3. 随时注意容易引起明火的地方，慎防火灾，例如厨房、电源、车辆等。定期做好煤气管及电源检查，避免爆炸隐患。

4. 如果不慎发生火灾或爆炸导致幼儿受伤，应马上送医。

三、呛食

（一）原因分析

1. 幼儿喉咙和食道等较窄小，吞咽能力较差，进餐较急容易被食物呛到。

2. 幼儿在进餐时边吃边玩或说话，注意力分散，易被呛到。

3. 幼儿进食干果、花生等食物，容易被产生的残渣呛到。

4. 幼儿喝水被呛到或者被自己的口水呛到。

5. 幼儿正吃东西时突然大哭、大笑，使食物呛入气管。

153

6.幼儿在不卫生的环境下进食，如在有灰尘的环境下进食引起的呛咳。

（二）处理方法

1.如果呛得比较轻，可以给幼儿轻轻拍背，帮助幼儿缓解。

2.如果被干果的残渣呛咳，要及时把残渣咳出来，并及时漱口清理。

3.如果呛得比较严重，要采取海姆立克急救法或立即送医。

四、异物入耳、鼻、眼

（一）原因分析

1.幼儿将玩具或物品塞入耳、鼻中。

2.幼儿误吞食玩具或物品。

3.昆虫飞进幼儿耳、鼻、眼中。

（二）处理方法

1.幼儿园内的玩具尽量买体积大的，平日教导幼儿不可将玩具塞入耳、鼻、口中，常规训练教导幼儿不要将家中玩具带到幼儿园。

2.一旦小玩具或物品被塞入耳、鼻，第一时间确定玩具或物品塞入部位及程度，及时作出预判。如果情节轻微，可以在确保安全的情况下，帮幼儿从耳、鼻中规范、卫生地取出异物。如果情况严重，应立即送医。

3.当蚊虫进入幼儿眼中，可以先用生理盐水清洗。

4.如果有昆虫进入幼儿耳中，可以尝试用灯光引出，或者滴一滴沙拉油，侧头让昆虫随着油流出。

5.如果情况严重，应立即送医。

6.需要注意的是，日常要注意环境清洁，避免蚊虫滋生。

五、触电

（一）原因分析

1. 幼儿玩弄电器、开关或出于好奇将手指伸入插座时，都可能会引起触电。

2. 室外的电线落地，幼儿捡拾或距离断落电线太近而触电。

3. 下雨天靠近外露的电源。

4. 幼儿湿手触摸电源。

5. 园内电源设备老损。

（二）处理方法

1. 加强幼儿的安全意识。日常教育幼儿不要玩弄电器、开关或出于好奇将手指伸入插座，更不能湿手触摸电源。

2. 加强园内设施安全管理，室外电线落地要及时处理，园内电源设备老损要及时检修。

3. 幼儿一旦发生触电，应尽快脱离电源，因为电流作用于人体时间越长，后果越严重。救护者切记不可直接用手去拉触电人，应选择一个安全可靠的方法尽快切断电源。如果幼儿摆弄电器开关、插座触电，要立即关闭电闸，再将保险盒打开。如果幼儿因触碰室外断落的电线而触电，而附近又找不到电闸时，救护者可穿上胶鞋，脚下垫干燥的厚木板或站于棉被上，用干燥的木棒、竹竿等绝缘工具将电线挑开，也可用干燥的绳子套在触电幼儿的身上将其拉出。脱离电源后，要立即对幼儿进行检查。一旦发现幼儿呼吸、心跳停止，要迅速进行人工呼吸和胸外按压，一直持续到送入医院。

六、食物中毒

（一）原因分析

1. 食物放置时间长，过期变质。

2. 食物、饮用水不卫生。

3. 食材具有毒性。

4. 食物烹饪未熟。

5. 生吃水产品，以及其他可能被寄生虫、细菌、病毒污染的食品。

6. 肉、奶、蛋、豆类及其制品加热不彻底或不均匀。

（二）处理方法

1. 使用洁净水，并选择经过安全处理的食品。

2. 烹调食品时要彻底加热。

3. 注重熟食的储存。放在冰箱内储存的熟食，在食用前一定要彻底加热，以防止冰箱内的交叉污染。

4. 注意保持厨房用具表面的清洁，操作者在清洁过程中应反复洗手。

5. 防止昆虫、鼠类和其他动物污染食品。

七、流鼻血

（一）原因分析

1. 幼儿挖鼻孔，导致鼻腔内脆弱的血管受损。

2. 空气干燥（尤其是冬天的时候）。

3. 幼儿自身抵抗力弱，环境或季节的变化容易引起感冒，导致流鼻血。

4. 异物入鼻。

5. 玩耍摔倒或撞击鼻子。

6. 幼儿挑食、偏食，缺乏维生素。

7. 身体疾病。

（二）处理方法

1. 平时应注意让幼儿多饮水，不要抠鼻子。

2. 空气干燥时，注意使用加湿器。加湿器可以增加环境湿度，避免空气变得非常干燥引起幼儿流鼻血。

灵活处理幼儿园意外伤害

3.加强幼儿的身体锻炼，注意饮食，鼓励幼儿不挑食、不偏食，多食用含有类黄酮的柑橘类水果，可以强化毛细血管。

4.幼儿玩耍时，注意安全防护，同时加强安全教育。

5.幼儿由于以上各种原因出鼻血时，第一时间要及时止住鼻血。具体方法是用食指和拇指紧捏两侧鼻翼约10—15分钟，用嘴呼吸，身体前倾。不可让幼儿向后仰头，以免鼻腔内的血液倒流到气道中引起窒息。鼻血止住后，针对具体原因采取预防措施。如果幼儿鼻血无法止住，应立即送到医院查明原因，及时治疗。

八、溺水

（一）原因分析

1.在幼儿园户外活动时，幼儿不慎跌入池塘。

2.在教室内自由活动时，幼儿在水边玩耍不小心跌入水中。

3.幼儿离园后去水边玩耍。

4.幼儿戏水时，不幸溺水。

（二）处理方法

1.园内的戏水池水不要深，幼儿玩耍时教师要注意提醒并巡查，教育幼儿不在水中互相嬉闹，防止呛水。

2.离园时教师与家长做好交接，确保幼儿不独自离开。

3.提醒家长不能让幼儿私自下水玩耍或游泳，家长带幼儿去水边玩耍或游泳时，家长要时刻看护。家长不要在水中喂幼儿吃东西，有可能被呛住。

4.幼儿游泳前要做适当的准备活动，以防抽筋。

5.如果发生幼儿溺水，应将幼儿仰卧，迅速检查幼儿的反应和呼吸。如果神志不清但有自主呼吸，将幼儿置于侧卧位，清理口腔异物。如无自主呼吸，立即给予心肺复苏，同时拨打急救电话。

157

九、走失

（一）原因分析

1. 幼儿因为缺乏自我保护意识，被人哄骗走失。

2. 幼儿被外界有趣的事吸引，不知不觉地离开了集体。

3. 幼儿因为一些原因不想待在幼儿园，主动离开幼儿园。

4. 离园时教师没有做好与家长交接。

（二）处理方法

1. 保教人员要有高度的责任心，时刻关注幼儿的安全，不要让幼儿离开自己的视线。

2. 加强对幼儿的安全教育，提高幼儿自我保护意识。

3. 幼儿园要加强门卫管理，不能让幼儿有独自出园的机会。

4. 建立家长接送制度，严格按照制度执行离园交接工作。

附录一 《幼儿园教师专业标准（试行）》

附录一 幼儿园教师专业标准（试行）

为促进幼儿园教师专业发展，建设高素质幼儿园教师队伍，根据《中华人民共和国教师法》，特制定《幼儿园教师专业标准（试行）》（以下简称《专业标准》）。

幼儿园教师是履行幼儿园教育教学工作职责的专业人员，需要经过严格的培养与培训，具有良好的职业道德，掌握系统的专业知识和专业技能。《专业标准》是国家对合格幼儿园教师专业素质的基本要求，是幼儿园教师实施保教行为的基本规范，是引领幼儿园教师专业发展的基本准则，是幼儿园教师培养、准入、培训、考核等工作的重要依据。

一、基本理念

（一）师德为先

热爱学前教育事业，具有职业理想，践行社会主义核心价值体系，履行教师职业道德规范，依法执教。关爱幼儿，尊重幼儿人格，富有爱心、责任心、耐心和细心；为人师表，教书育人，自尊自律，做幼儿健康成长的启蒙者和引路人。

（二）幼儿为本

尊重幼儿权益，以幼儿为主体，充分调动和发挥幼儿的主动性；遵循幼儿身心发展特点和保教活动规律，提供适合的教育，保障幼快乐健康成长。

（三）能力为重

把学前教育理论与保教实践相结合，突出保教实践能力；研究幼儿，遵循幼儿成长规律，提升保教工作专业化水平；坚持实践、反思、再实践、再反思，不断提高专业能力。

（四）终身学习

学习先进学前教育理论，了解国内外学前教育改革与发展的经验和做法；优化知识结构，提高文化素养；具有终身学习与持续发展的意识和能力，做终身学习的典范。

二、基本内容

维度	领域	基本要求
专业理念与师德	（一）职业理解与认识	1.贯彻党和国家教育方针政策，遵守教育法律法规。 2.理解幼儿保教工作的意义，热爱学前教育事业，具有职业理想和敬业精神。 3.认同幼儿园教师的专业性和独特性，注重自身专业发展。 4.具有良好职业道德修养，为人师表。 5.具有团队合作精神，积极开展协作与交流。
	（二）对幼儿的态度与行为	6.关爱幼儿，重视幼儿身心健康，将保护幼儿生命安全放在首位。 7.尊重幼儿人格，维护幼儿合法权益，平等对待每一位幼儿。不讽刺、挖苦、歧视幼儿，不体罚或变相体罚幼儿。 8.信任幼儿，尊重个体差异，主动了解和满足有益于幼儿身心发展的不同需求。 9.重视生活对幼儿健康成长的重要价值，积极创造条件，让幼儿拥有快乐的幼儿园生活。

附录一 《幼儿园教师专业标准（试行）》

续表

维度	领域	基本要求
专业理念与师德	（三）幼儿保育和教育的态度与行为	10.注重保教结合，培育幼儿良好的意志品质，帮助幼儿养成良好的行为习惯。 11.注重保护幼儿的好奇心，培养幼儿的想象力，发掘幼儿的兴趣爱好。 12.重视环境和游戏对幼儿发展的独特作用，创设富有教育意义的环境氛围，将游戏作为幼儿的主要活动。 13.重视丰富幼儿多方面的直接经验，将探索、交往等实践活动作为幼儿最重要的学习方式。 14.重视自身日常态度言行对幼儿发展的重要影响与作用。 15.重视幼儿园、家庭和社区的合作，综合利用各种资源。
	（四）个人修养与行为	16.富有爱心、责任心、耐心和细心。 17.乐观向上、热情开朗，有亲和力。 18.善于自我调节情绪，保持平和心态。 19.勤于学习，不断进取。 20.衣着整洁得体，语言规范健康，举止文明礼貌。
专业知识	（五）幼儿发展知识 （六）幼儿保育和教育知识 （七）通识性知识	21.了解关于幼儿生存、发展和保护的有关法律法规及政策规定。 22.掌握不同年龄幼儿身心发展特点、规律和促进幼儿全面发展的策略与方法。 23.了解幼儿在发展水平、速度与优势领域等方面的个体差异，掌握对应的策略与方法。 24.了解幼儿发展中容易出现的问题与适宜的对策。

161

续表

维度	领域	基本要求
专业知识	（五）幼儿发展知识 （六）幼儿保育和教育知识 （七）通识性知识	25.了解有特殊需要幼儿的身心发展特点及教育策略与方法。 26.熟悉幼儿园教育的目标、任务、内容、要求和基本原则。 27.掌握幼儿园各领域教育的学科特点与基本知识。 28.掌握幼儿园环境创设、一日生活安排、游戏与教育活动、保育和班级管理的知识与方法。 29.熟知幼儿园的安全应急预案，掌握意外事故和危险情况下幼儿安全防护与救助的基本方法。 30.掌握观察、谈话、记录等了解幼儿的基本方法和教育心理学的基本原理和方法。 31.了解0—3岁婴幼儿保教和幼小衔接的有关知识与基本方法。 32.具有一定的自然科学和人文社会科学知识。 33.了解中国教育基本情况。 34.具有相应的艺术欣赏与表现知识。 35.具有一定的现代信息技术知识。
专业能力	（八）环境的创设与利用	36.建立良好的师幼关系，帮助幼儿建立良好的同伴关系，让幼儿感到温暖和愉悦。 37.建立班级秩序与规则，营造良好的班级氛围，让幼儿感受到安全、舒适。 38.创设有助于促进幼儿成长、学习、游戏的教育环境。 39.合理利用资源，为幼儿提供和制作适合的玩教具和学习材料，引发和支持幼儿的主动活动。

续表

维度	领域	基本要求
专业能力	（九）一日生活的组织与保育	40.合理安排和组织一日生活的各个环节，将教育灵活地渗透到一日生活中。 41.科学照料幼儿日常生活，指导和协助保育员做好班级常规保育和卫生工作。 42.充分利用各种教育契机，对幼儿进行随机教育。 43.有效保护幼儿，及时处理幼儿的常见事故，危险情况优先救护幼儿。
	（十）游戏活动的支持与引导	44.提供符合幼儿兴趣需要、年龄特点和发展目标的游戏条件。 45.充分利用与合理设计游戏活动空间，提供丰富、适宜的游戏材料，支持、引发和促进幼儿的游戏。 46.鼓励幼儿自主选择游戏内容、伙伴和材料，支持幼儿主动地、创造性地开展游戏，充分体验游戏的快乐和满足。 47.引导幼儿在游戏活动中获得身体、认知、语言和社会性等多方面的发展。
	（十一）教育活动的计划与实施	48.制定阶段性的教育活动计划和具体活动方案。 49.在教育活动中观察幼儿，根据幼儿的表现和需要，调整活动，给予适宜的指导。 50.在教育活动的设计和实施中体现趣味性、综合性和生活化，灵活运用各种组织形式和适宜的教育方式。 51.提供更多的操作探索、交流合作、表达表现的机会，支持和促进幼儿主动学习。

163

续表

维度	领域	基本要求
专业能力	（十二）激励与评价	52.关注幼儿日常表现，及时发现和赏识每个幼儿的点滴进步，注重激发和保护幼儿的积极性、自信心。 53.有效运用观察、谈话、家园联系、作品分析等多种方法，客观地、全面地了解和评价幼儿。 54.有效运用评价结果，指导下一步教育活动的开展。
	（十三）沟通与合作	55.使用符合幼儿年龄特点的语言进行保教工作。 56.善于倾听，和蔼可亲，与幼儿进行有效沟通。 57.与同事合作交流，分享经验和资源，共同发展。 58.与家长进行有效沟通合作，共同促进幼儿发展。 59.协助幼儿园与社区建立合作互助的良好关系。
	（十四）反思与发展	60.主动收集分析相关信息，不断进行反思，改进保教工作。 61.针对保教工作中的现实需要与问题，进行探索和研究。 62.制定专业发展规划，积极参加专业培训，不断提高自身专业素质。

三、实施建议

（一）各级教育行政部门要将《专业标准》作为幼儿园教师队伍建设的基本依据。根据学前教育改革发展的需要，充分发挥《专业标准》引领和导向作用，深化教师教育改革，建立教师教育质量保障体系，不断提高幼儿园教师培养培训质量。制定幼儿园教师准入标准，严把幼儿园教师入口关；制定幼儿园教师聘任（聘用）、考核、退出等管理制度，保障教师合法权益，形成科学有效的幼儿园教师队伍管理和督导机制。

（二）开展幼儿园教师教育的院校要将《专业标准》作为幼儿园教师培养培训的主要依据。重视幼儿园教师职业特点，加强学前教育学科和专业建设。完善幼儿园教师培养培训方案，科学设置教师教育课程，改革教育教学方式；重视幼儿园教师职业道德教育，重视社会实践和教育实习；加强从事幼儿园教师教育的师资队伍建设，建立科学的质量评价制度。

（三）幼儿园要将《专业标准》作为教师管理的重要依据。制定幼儿园教师专业发展规划，注重教师职业理想与职业道德教育，增强教师育人的责任感与使命感；开展园本研修，促进教师专业发展；完善教师岗位职责和考核评价制度，健全幼儿园教师绩效管理机制。

（四）幼儿园教师要将《专业标准》作为自身专业发展的基本依据。制定自我专业发展规划，爱岗敬业，增强专业发展自觉性；大胆开展保教实践，不断创新；积极进行自我评价，主动参加教师培训和自主研修，逐步提升专业发展水平。

附录二 幼儿园教育指导纲要（试行）

第一部分 总则

一、为贯彻《中华人民共和国教育法》《幼儿园管理条例》和《幼儿园工作规程》，指导幼儿园深入实施素质教育，特制定本纲要。

二、幼儿园教育是基础教育的重要组成部分，是我国学校教育和终身教育的奠基阶段。城乡各类幼儿园都应从实际出发，因地制宜地实施素质教育，为幼儿一生的发展打好基础。

三、幼儿园应与家庭、社区密切合作，与小学相互衔接，综合利用各种教育资源，共同为幼儿的发展创造良好的条件。

四、幼儿园应为幼儿提供健康、丰富的生活和活动环境，满足他们多方面发展的需要，使他们在快乐的童年生活中获得有益于身心发展的经验。

五、幼儿园教育应尊重幼儿的人格和权利，尊重幼儿身心发展的规律和学习特点，以游戏为基本活动，保教并重，关注个别差异，促进每个幼儿富有个性地发展。

第二部分 教育内容与要求

幼儿园的教育内容是全面的、启蒙性的，可以相对划分为健康、语言、社会、科学、艺术五个领域，也可作其他不同的划分。各领域的内容相互渗透，从不同的角度促进幼儿情感、态度、能力、知识、

附录二 《幼儿园教育指导纲要（试行）》

技能等方面的发展。

一、健康

（一）目标

1.身体健康，在集体生活中情绪安定、愉快。

2.生活、卫生习惯良好，有基本的生活自理能力。

3.知道必要的安全保健常识，学习保护自己。

4.喜欢参加体育活动，动作协调、灵活。

（二）内容与要求

1.建立良好的师生、同伴关系，让幼儿在集体生活中感到温暖，心情愉快，形成安全感、信赖感。

2.与家长配合，根据幼儿的需要建立科学的生活常规。培养幼儿良好的饮食、睡眠、盥洗、排泄等生活习惯和生活自理能力。

3.教育幼儿爱清洁、讲卫生，注意保持个人和生活场所的整洁和卫生。

4.密切结合幼儿的生活进行安全、营养和保健教育，提高幼儿的自我保护意识和能力。

5.开展丰富多彩的户外游戏和体育活动，培养幼儿参加体育活动的兴趣和习惯，增强体质，提高对环境的适应能力。

6.用幼儿感兴趣的方式发展基本动作，提高动作的协调性、灵活性。

7.在体育活动中，培养幼儿坚强、勇敢、不怕困难的意志品质和主动、乐观、合作的态度。

（三）指导要点

1.幼儿园必须把保护幼儿的生命和促进幼儿的健康放在工作的首位。树立正确的健康观念，在重视幼儿身体健康的同时，要高度重视幼儿的心理健康。

2.既要高度重视和满足幼儿受保护、受照顾的需要,又要尊重和满足他们不断增长的独立要求,避免过度保护和包办代替,鼓励并指导幼儿自理、自立的尝试。

3.健康领域的活动要充分尊重幼儿生长发育的规律,严禁以任何名义进行有损幼儿健康的比赛、表演或训练等。

4.培养幼儿对体育活动的兴趣是幼儿园体育的重要目标,要根据幼儿的特点组织生动有趣、形式多样的体育活动,吸引幼儿主动参与。

二、语言

(一)目标

1.乐观与人交谈,讲话礼貌。

2.注意倾听对方讲话,能理解日常用语。

3.能清楚地说出自己想说的事。

4.喜欢听故事、看图书。

5.能听懂和会说普通话。

(二)内容与要求

1.创造一个自由、宽松的语言交往环境,支持、鼓励、吸引幼儿与教师、同伴或其他人交谈,体验语言交流的乐趣,学习使用适当的、礼貌的语言交往。

2.养成幼儿注意倾听的习惯,发展语言理解能力。

3.鼓励幼儿大胆、清楚地表达自己的想法和感受,尝试说明、描述简单的事物或过程,发展语言表达能力和思维能力。

4.引导幼儿接触优秀的儿童文学作品,使之感受语言的丰富和优美,并通过多种活动帮助幼儿加深对作品的体验和理解。

5.培养幼儿对生活中常见的简单标记和文字符号的兴趣。

6.利用图书、绘画和其他多种方式,引发幼儿对书籍、阅读和书

附录二 《幼儿园教育指导纲要（试行）》

写的兴趣，培养前阅读和前书写技能。

7.提供普通话的语言环境，帮助幼儿熟悉、听懂并学说普通话。少数民族地区还应帮助幼儿学习本民族语言。

（三）指导要点

1.语言能力是在运用的过程中发展起来的，发展幼儿语言的关键是创设一个能使他们想说、敢说、喜欢说、有机会说并能得到积极应答的环境。

2.幼儿语言的发展与其情感、经验、思维、社会交往能力等其他方面的发展密切相关。因此，发展幼儿语言的重要途径是通过互相渗透的各领域的教育，在丰富多彩的活动中去扩展幼儿的经验，提供促进语言发展的条件。

3.幼儿的语言学习具有个别化的特点，教师与幼儿的个别交流、幼儿之间的自由交谈等，对幼儿语言发展具有特殊意义。

4.对有语言障碍的儿童要给予特别关注，要与家长和有关方面密切配合，积极地帮助他们提高语言能力。

三、社会

（一）目标

1.能主动地参与各项活动，有自信心。

2.乐意与人交往，学习互助、合作和分享，有同情心。

3.理解并遵守日常生活中基本的社会行为规则。

4.能努力做好力所能及的事，不怕困难，有初步的责任感。

5.爱父母长辈、老师和同伴，爱集体、爱家乡、爱祖国。

（二）内容与要求

1.引导幼儿参加各种集体活动，体验与教师、同伴等共同生活的乐趣，帮助他们正确认识自己和他人，养成对他人、社会亲近、合作的态度，学习初步的人际交往技能。

169

2.为每个幼儿提供表现自己长处和获得成功的机会,增强其自尊心和自信心。

3.提供自由活动的机会,支持幼儿自主地选择、计划活动,鼓励他们通过多方面的努力解决问题,不轻易放弃克服困难的尝试。

4.在共同的生活和活动中,以多种方式引导幼儿认识、体验并理解基本的社会行为规则,学习自律和尊重他人。

5.教育幼儿爱护玩具和其他物品,爱护公物和公共环境。

6.与家庭、社区合作,引导幼儿了解自己的亲人以及与自己生活有关的各行各业人们的劳动,培养其对劳动者的热爱和对劳动成果的尊重。

7.充分利用社会资源,引导幼儿实际感受祖国文化的丰富与优秀,感受家乡的变化和发展,激发幼儿爱家乡、爱祖国的情感。

8.适当向幼儿介绍我国各民族和世界其他国家、民族的文化,使其感知人类文化的多样性和差异性,培养理解、尊重、平等的态度。

(三)指导要点

1.社会领域的教育具有潜移默化的特点。幼儿社会态度和社会情感的培养尤应渗透在多种活动和一日生活的各个环节之中,要创设一个能使幼儿感受到接纳、关爱和支持的良好环境,避免单一呆板的言语说教。

2.幼儿与成人、同伴之间的共同生活、交往、探索、游戏等,是其社会学习的重要途径。应为幼儿提供人际间相互交往和共同活动的机会和条件,并加以指导。

3.社会学习是一个漫长的积累过程,需要幼儿园、家庭和社会密切合作,协调一致,共同促进幼儿良好社会性品质的形成。

四、科学

(一)目标

1.对周围的事物、现象感兴趣,有好奇心和求知欲。

2.能运用各种感官,动手动脑,探究问题。

3.能用适当的方式表达、交流探索的过程和结果。

4.能从生活和游戏中感受事物的数量关系并体验到数学的重要和有趣。

5.爱护动植物,关心周围环境,亲近大自然,珍惜自然资源,有初步的环保意识。

(二)内容与要求

1.引导幼儿对身边常见事物和现象的特点、变化规律产生兴趣和探究的欲望。

2.为幼儿的探究活动创造宽松的环境,让每个幼儿都有机会参与尝试,支持、鼓励他们大胆提出问题,发表不同意见,学会尊重别人的观点和经验。

3.提供丰富的可操作的材料,为每个幼儿都能运用多种感官、多种方式进行探索提供活动的条件。

4.通过引导幼儿积极参加小组讨论、探索等方式,培养幼儿合作学习的意识和能力,学习用多种方式表现、交流、分享探索的过程和结果。

5.引导幼儿对周围环境中的数、量、形、时间和空间等现象产生兴趣,建构初步的数概念,并学习用简单的数学方法解决生活和游戏中某些简单的问题。

6.从生活或媒体中幼儿熟悉的科技成果入手,引导幼儿感受科学技术对生活的影响,培养他们对科学的兴趣和对科学家的崇敬。

7.在幼儿生活经验的基础上,帮助幼儿了解自然、环境与人类生活的关系。从身边的小事入手,培养初步的环保意识和行为。

(三)指导要点

1.幼儿的科学教育是科学启蒙教育,重在激发幼儿的认识兴趣和探究欲望。

2.要尽量创造条件让幼儿实际参加探究活动,使他们感受科学探究的过程和方法,体验发现的乐趣。

3.科学教育应密切联系幼儿的实际生活进行,利用身边的事物与现象作为科学探索的对象。

五、艺术

(一)目标

1.能初步感受并喜爱环境、生活和艺术中的美。
2.喜欢参加艺术活动,并能大胆地表现自己的情感和体验。
3.能用自己喜欢的方式进行艺术表现活动。

(二)内容与要求

1.引导幼儿接触周围环境和生活中美好的人、事、物,丰富他们的感性经验和审美情趣,激发他们表现美、创造美的情趣。

2.在艺术活动中面向全体幼儿,要针对他们的不同特点和需要,让每个幼儿都得到美的熏陶和培养。对有艺术天赋的幼儿要注意发展他们的艺术潜能。

3.提供自由表现的机会,鼓励幼儿用不同艺术形式大胆地表达自己的情感、理解和想象,尊重每个幼儿的想法和创造,肯定和接纳他们独特的审美感受和表现方式,分享他们创造的快乐。

4.在支持、鼓励幼儿积极参加各种艺术活动并大胆表现的同时,帮助他们提高表现的技能和能力。

5.指导幼儿利用身边的物品或废旧材料制作玩具、手工艺品等来美化自己的生活或开展其他活动。

6.为幼儿创设展示自己作品的条件,引导幼儿相互交流、相互欣赏、共同提高。

(三)指导要点

1.艺术是实施美育的主要途径,应充分发挥艺术的情感教育功能，促进幼儿健全人格的形成。要避免仅仅重视表现技能或艺术活动的结果，而忽视幼儿在活动过程中的情感体验和态度的倾向。

2.幼儿的创作过程和作品是他们表达自己的认识和情感的重要方式，应支持幼儿富有个性和创造性的表达，克服过分强调技能技巧和标准化要求的偏向。

3.幼儿艺术活动的能力是在大胆表现的过程中逐渐发展起来的，教师的作用应主要在于激发幼儿感受美、表现美的情趣，丰富他们的审美经验，使之体验自由表达和创造的快乐。在此基础上，根据幼儿的发展状况和需要，对表现方式和技能技巧给予适时、适当的指导。

第三部分 组织与实施

一、幼儿园的教育是为所有在园幼儿的健康成长服务的，要为每一个儿童，包括有特殊需要的儿童提供积极的支持和帮助。

二、幼儿园的教育活动，是教师以多种形式有目的、有计划地引导幼儿生动、活泼、主动活动的教育过程。

三、教育活动的组织与实施过程是教师创造性地开展工作的过程。教师要根据本《纲要》，从本地、本国的条件出发，结合本班幼儿的实际情况，制订切实可行的工作计划并灵活地执行。

四、教育活动目标要以《幼儿园工作规程》和本《纲要》所提出的各领域目标为指导，结合本班幼儿的发展水平、经验和需要来确定。

五、教育活动内容的选择应遵照本《纲要》第二部分的有关条款进行，同时体现以下原则：

（一）既适合幼儿的现有水平，又有一定的挑战性。

（二）既符合幼儿的现实需要，又有利于其长远发展。

（三）既贴近幼儿的生活来选择幼儿感兴趣的事物和问题，又有助于拓展幼儿的经验和视野。

六、教育活动内容的组织应充分考虑幼儿的学习特点和认识规律，各领域的内容要有机联系，相互渗透，注重综合性、趣味性、活动性，寓教育于生活、游戏之中。

七、教育活动的组织形式应根据需要合理安排，因时、因地、因内容、因材料灵活地运用。

八、环境是重要的教育资源，应通过环境的创设和利用，有效地促进幼儿的发展。

（一）幼儿园的空间、设施、活动材料和常规要求等应有利于引发、支持幼儿的游戏和各种探索活动，有利于引发、支持幼儿与周围环境之间积极的相互作用。

（二）幼儿同伴群体及幼儿园教师集体是宝贵的教育资源，应充分发挥这一资源的作用。

（三）教师的态度和管理方式应有助于形成安全、温馨的心理环境；言行举止应成为幼儿学习的良好榜样。

（四）家庭是幼儿园重要的合作伙伴。应本着尊重、平等、合作的原则，争取家长的理解、支持和主动参与，并积极支持、帮助家长提高教育能力。

（五）充分利用自然环境和社区的教育资源，扩展幼儿生活和学习的空间。幼儿园同时应为社区的早期教育提供服务。

九、科学、合理地安排和组织一日生活。

（一）时间安排应有相对的稳定性与灵活性，既有利于形成秩序，又能满足幼儿的合理需要，照顾到个体差异。

（二）教师直接指导的活动和间接指导的活动相结合，保证幼儿每天有适当的自主选择和自由活动时间。教师直接指导的集体活动要能保证幼儿的积极参与，避免时间的隐性浪费。

（三）尽量减少不必要的集体行动和过渡环节，减少和消除消极等待现象。

（四）建立良好的常规，避免不必要的管理行为，逐步引导幼儿学习自我管理。

附录二 《幼儿园教育指导纲要（试行）》

十、教师应成为幼儿学习活动的支持者、合作者、引导者。

（一）以关怀、接纳、尊重的态度与幼儿交往。耐心倾听，努力理解幼儿的想法与感受，支持、鼓励他们大胆探索与表达。

（二）善于发现幼儿感兴趣的事物、游戏和偶发事件中所隐含的教育价值，把握时机，积极引导。

（三）关注幼儿在活动中的表现和反应，敏感地察觉他们的需要，及时以适当的方式应答，形成合作探究式的师生互动。

（四）尊重幼儿在发展水平、能力、经验、学习方式等方面的个体差异，因人施教，努力使每一个幼儿都能获得满足和成功。

（五）关注幼儿的特殊需要，包括各种发展潜能和不同发展障碍，与家庭密切配合，共同促进幼儿健康成长。

十一、幼儿园教育要与0—3岁儿童的保育教育以及小学教育相互衔接。

第四部分 教育评价

一、教育评价是幼儿园教育工作的重要组成部分，是了解教育的适宜性、有效性，调整和改进工作，促进每一个幼儿发展，提高教育质量的必要手段。

二、管理人员、教师、幼儿及其家长均是幼儿园教育评价工作的参与者。评价过程是各方共同参与、相互支持与合作的过程。

三、评价的过程，是教师运用专业知识审视教育实践，发现、分析、研究、解决问题的过程，也是其自我成长的重要途径。

四、幼儿园教育工作评价实行以教师自评为主，园长以及有关管理人员、其他教师和家长等参与评价的制度。

五、评价应自然地伴随着整个教育过程进行。综合采用观察、谈话、作品分析等多种方法。

六、幼儿的行为表现和发展变化具有重要的评价意义，教师应视之为重要的评价信息和改进工作的依据。

七、教育工作评价宜重点考察以下方面：

（一）教育计划和教育活动的目标是否建立在了解本班幼儿现状的基础上。

（二）教育的内容、方式、策略、环境条件是否能调动幼儿学习的积极性。

（三）教育过程是否能为幼儿提供有益的学习经验，并符合其发展需要。

（四）教育内容、要求能否兼顾群体需要和个体差异，使每个幼儿都能得到发展，都有成功感。

（五）教师的指导是否有利于幼儿主动、有效地学习。

八、对幼儿发展状况的评估，要注意：

（一）明确评价的目的是了解幼儿的发展需要，以便提供更加适宜的帮助和指导。

（二）全面了解幼儿的发展状况，防止片面性，尤其要避免只重知识和技能，忽略情感、社会性和实际能力的倾向。

（三）在日常活动与教育教学过程中采用自然的方法进行。平时观察所获的具有典型意义的幼儿行为表现和所积累的各种作品等，是评价的重要依据。

（四）承认和关注幼儿的个体差异，避免用划一的标准评价不同的幼儿，在幼儿面前慎用横向的比较。

（五）以发展的眼光看待幼儿，既要了解现有水平，更要关注其发展的速度、特点和倾向等。

附录三 幼儿园保育教育质量评估指南

为深入贯彻全国教育大会精神，加快建立健全教育评价制度，促进学前教育高质量发展，根据中共中央、国务院《关于学前教育深化改革规范发展的若干意见》和《深化新时代教育评价改革总体方案》精神，制定本指南。

一、总体要求

（一）指导思想

以习近平新时代中国特色社会主义思想为指导，全面贯彻党的教育方针，落实立德树人根本任务，遵循幼儿发展规律和教育规律，完善以促进幼儿身心健康发展为导向的学前教育质量评估体系，切实扭转不科学的评估导向，强化评估结果运用，推动树立科学保育教育理念，全面提高幼儿园保育教育水平，为培养德智体美劳全面发展的社会主义建设者和接班人奠定坚实基础。

（二）基本原则

1. 坚持正确方向。坚持社会主义办园方向，践行为党育人、为国育才使命，树立科学评价导向，推动构建科学保育教育体系，整体提升幼儿园办园水平和保育教育质量。

2. 坚持儿童为本。尊重幼儿年龄特点和成长规律，注重幼儿发展的整体性和连续性，坚持保教结合，以游戏为基本活动，有效促进幼

儿身心健康发展。

3. 坚持科学评估。完善评估内容，突出评估重点，改进评估方式，切实扭转"重结果轻过程、重硬件轻内涵、重他评轻自评"等倾向。

4. 坚持以评促建。充分发挥评估的引导、诊断、改进和激励功能，注重过程性、发展性评估，引导办好每一所幼儿园，促进幼儿园安全优质发展。

二、评估内容

坚持以促进幼儿身心健康发展为导向，聚焦幼儿园保育教育过程质量，评估内容主要包括办园方向、保育与安全、教育过程、环境创设、教师队伍5个方面，共15项关键指标和48个考查要点。

（一）办园方向。包括党建工作、品德启蒙和科学理念3项关键指标，旨在促进幼儿园全面贯彻党的教育方针，落实立德树人根本任务，强化党组织战斗堡垒作用，树立科学保育教育理念，确保正确办园方向。

（二）保育与安全。包括卫生保健、生活照料、安全防护3项关键指标，旨在促进幼儿园加强膳食营养、疾病预防、健康检查等工作，建立合理的生活常规，强化医护保健人员配备、安全保障和制度落实，确保幼儿生命安全和身心健康。

（三）教育过程。包括活动组织、师幼互动和家园共育3项关键指标，旨在促进幼儿园坚持以游戏为基本活动，理解尊重幼儿并支持其有意义地学习，强化家园协同育人，不断提高保育教育质量。

（四）环境创设。包括空间设施、玩具材料2项关键指标，旨在促进幼儿园积极创设丰富适宜、富有童趣、有利于支持幼儿学习探索的教育环境，配备数量充足、种类多样的玩教具和图画书，有效支持保育教育工作科学实施。

（五）教师队伍。包括师德师风、人员配备、专业发展和激励机

附录三 《幼儿园保育教育质量评估指南》

制4项关键指标,旨在促进幼儿园加强教师师德工作,注重教师专业能力建设,提高园长专业领导力,采取有效措施激励教师爱岗敬业、潜心育人。

三、评估方式

(一)注重过程评估。重点关注保育教育过程质量,关注幼儿园提升保教水平的努力程度和改进过程,严禁用直接测查幼儿能力和发展水平的方式评估幼儿园保育教育质量。

(二)强化自我评估。幼儿园应建立常态化的自我评估机制,促进教职工主动参与,通过集体诊断,反思自身教育行为,提出改进措施。同时,有效发挥外部评估的导向、激励作用,有针对性地引导幼儿园不断完善自我评估,改进保育教育工作。

(三)聚焦班级观察。通过不少于半日的连续自然观察,了解教师与幼儿互动情况,准确判断教师对促进幼儿学习与发展所做的努力与支持,全面、客观、真实地了解幼儿园保育教育过程和质量。外部评估的班级观察采取随机抽取的方式,覆盖面不少于各年龄班级总数的三分之一。

四、组织实施

(一)加强组织领导。各地要高度重视幼儿园保育教育质量评估工作,将其作为促进学前教育高质量发展、办好人民满意教育的重要举措,纳入本地深化教育评价改革重要内容,建立党委领导、政府教育督导部门牵头、部门协同、多方参与的组织实施机制。各省(区、市)要结合实际,完善本地质量评估具体标准,编制幼儿园保育教育质量自评指导手册,增强质量评估的操作性,确保评估工作有效实施。要逐步将幼儿园保育教育质量评估工作与已经开展的对地方政府履行教育职责评价、学前教育普及普惠督导评估、幼儿园办园行为督导评估等工作统筹实施,避免重复评估,切实减轻基层和幼儿园迎检负担。

（二）明确评估周期。幼儿园每学期开展一次自我评估，教育部门要加强对幼儿园保育教育工作和自评的指导。县级督导评估依据所辖园数和工作需要，原则上每3—5年为一个周期，确保每个周期内覆盖所有幼儿园。省、市结合实际适当开展抽查，具体抽查比例由各省（区、市）自行确定。

（三）强化评估保障。各地要为幼儿园保育教育质量评估提供必要的经费保障，支持开展评估研究。要切实加强评估队伍建设，建立一支尊重学前教育规律、熟悉幼儿园保育教育实践、事业心责任感强、相对稳定的专业化评估队伍，评估人员主要由督学、学前教育行政人员、教研人员、园长、骨干教师等组成，强化评估人员专业能力建设。加强对本指南的学习培训，推动幼儿园园长、教师自觉运用对本指南自我反思改进，不断提高保育教育水平。

（四）注重激励引导。各地要将幼儿园保育教育质量评估结果作为对幼儿园表彰奖励、政策支持、资源配置、园长考核以及民办园年检、普惠性民办园认定扶持等方面工作的重要依据。对履职不到位、违反有关政策规定、违背幼儿身心发展规律、保教质量持续下滑的幼儿园，要及时督促整改，并视情况依法依规追究责任。要通过幼儿园保育教育质量评估工作，积极推动地方政府履行相应教育职责，为办好学前教育提供充分的条件保障和良好的政策环境。

（五）营造良好氛围。要广泛宣传国家关于学前教育改革发展的政策措施，深入解读幼儿园保育教育质量评估的重要意义、内容要求和指标体系，认真总结推广质量评估工作先进典型经验，有效发挥示范引领作用，积极开展国际交流与合作，营造有利于促进学前教育高质量发展的良好氛围。

幼儿园保育教育质量评估指标

重点内容	关键指标	考查要点
A1.办园方向	B1.党建工作	1.健全党组织对幼儿园工作领导的制度机制,以政治建设为统领,加强幼儿园领导班子建设,推进党的工作与保育教育工作紧密融合。 2.落实幼儿园党的组织和党的工作全覆盖,加强教师思想政治工作,落实党风廉政建设责任制和意识形态工作责任制,坚持党建带团建,充分发挥工会、共青团等群团组织的作用。 3.坚持社会主义办园方向,积极研究制定幼儿园发展规划和年度工作计划。
	B2.品德启蒙	4.全面贯彻党的教育方针,落实立德树人根本任务,坚持保育教育结合,将培育和践行社会主义核心价值观融入保育教育全过程,注重从小做起、从点滴做起,为培养德智体美劳全面发展的社会主义建设者和接班人奠基。 5.注重幼儿良好品德和行为习惯养成,潜移默化贯穿于一日生活和各项活动,创设温暖、关爱、平等的集体生活氛围,建立积极和谐的同伴关系;帮助幼儿学会生活,养成自己的事情自己做的习惯,培育幼儿爱父母长辈、爱老师同伴、爱集体、爱家乡、爱党爱国的情感。
	B3.科学理念	6.遵循幼儿身心发展规律和学前教育规律,尊重幼儿个体差异,坚持以游戏为基本活动,珍视生活和游戏的独特教育价值。 7.充分尊重和保护幼儿的好奇心和探究兴趣,

续表

重点内容	关键指标	考查要点
A1.办园方向	B3.科学理念	相信每一个幼儿都是积极主动、有能力的学习者,最大限度地支持和满足幼儿通过直接感知、实际操作和亲身体验获取经验的需要。不提前教授小学阶段的课程内容,不搞不切实际的特色课程。
A2.保育与安全	B4.卫生保健	8.膳食营养、卫生消毒、疾病预防、健康检查等工作制度和岗位职责健全,并认真抓好落实。 9.科学制定带量食谱,确保幼儿膳食营养均衡,引导幼儿养成良好饮食习惯。 10.教职工具有传染病防控常识,认真落实传染病报告制度,具备快速应对和防控处置能力。 11.按资质要求配备专(兼)职卫生保健人员,认真做好幼儿膳食指导、晨午检和健康观察、疾病预防、幼儿生长发育监测等工作。
	B5.生活照料	12.帮助幼儿建立合理生活常规,引导幼儿根据需要自主饮水、盥洗、如厕、增减衣物等,养成良好的生活卫生习惯。 13.指导幼儿进行餐前准备、餐后清洁、图画书与玩具整理等自我服务,引导幼儿养成劳动习惯,增强环保意识、集体责任感。 14.制订并实施与幼儿身体发展相适应的体格锻炼计划,保证每天户外活动时间不少于2小时,体育活动时间不少于1小时。 15.重视有特殊需要的幼儿,尽可能创造条件让幼儿参与班级的各项活动,同时给予必要

续表

重点内容	关键指标	考查要点
A2.保育与安全	B5.生活照料	的照料。根据需要及时与家长沟通，帮助幼儿获得专业的康复指导与治疗。
	B6.安全防护	16.认真落实幼儿园各项安全管理制度和措施，每学期开学前分析研判潜在的安全风险，有针对性地完善安全管理措施。 17.保教人员具有安全保护意识，做好环境、设施设备、玩具材料等方面的日常检查维护，及时消除安全隐患。发生意外时，优先保护幼儿的安全。 18.幼儿园切实把安全教育融入幼儿一日生活，帮助幼儿学习判断环境、设施设备和玩具材料可能出现的安全风险，增强安全防范意识，提高自我保护能力。
A3.教育过程	B7.活动组织	19.认真按照《幼儿园教育指导纲要》《3—6岁儿童学习与发展指南》要求，结合本园、班实际，每学期、每周制订科学合理的班级保教计划。 20.一日活动安排相对稳定合理，并能根据幼儿的年龄特点、个体差异和活动需要做出灵活调整，避免活动安排频繁转换、幼儿消极等待。 21.以游戏为基本活动，确保幼儿每天有充分的自主游戏时间，因地制宜为幼儿创设游戏环境，提供丰富适宜的游戏材料，支持幼儿探究、试错、重复等行为，与幼儿一起分享游戏经验。 22.发现和支持幼儿有意义的学习，采用小组或集体的形式讨论幼儿感兴趣的话题，鼓励

续表

重点内容	关键指标	考查要点
A3.教育过程	B7.活动组织	幼儿表达自己的观点，提出问题、分析解决问题，拓展提升幼儿日常生活和游戏中的经验。 23.关注幼儿学习与发展的整体性，注重健康、语言、社会、科学、艺术等各领域有机整合，促进幼儿智力和非智力因素协调发展，寓教育于生活和游戏中。 24.关注幼儿发展的连续性，注重幼小科学衔接。大班下学期采取多种形式，有针对性地帮助幼儿做好身心、生活、社会和学习等多方面的准备，建立对小学的积极期待和向往，促进幼儿顺利过渡。
	B8.师幼互动	25.教师保持积极乐观愉快的情绪状态，以亲切和蔼、支持性的态度和行为与幼儿互动，平等对待每一名幼儿。幼儿在一日活动中是自信、从容的，能放心大胆地表达真实情绪和不同观点。 26.支持幼儿自主选择游戏材料、同伴和玩法，支持幼儿参与一日生活中与自己有关的决策。 27.认真观察幼儿在各类活动中的行为表现并做必要记录，根据一段时间的持续观察，对幼儿的发展情况和需要做出客观全面的分析，提供有针对性的支持。不急于介入或干扰幼儿的活动。 28.重视幼儿通过绘画、讲述等方式对自己经历过的游戏、阅读图画书、观察等活动进行表达表征，教师能一对一倾听并真实记录幼

附录三 《幼儿园保育教育质量评估指南》

续表

重点内容	关键指标	考查要点
A3.教育过程	B8.师幼互动	儿的想法和体验。 29.善于发现各种偶发的教育契机，能抓住活动中幼儿感兴趣或有意义的问题和情境，能识别幼儿以新的方式主动学习，及时给予有效支持。 30.尊重并回应幼儿的想法与问题，通过开放性提问、推测、讨论等方式，支持和拓展每一个幼儿的学习。 31.理解幼儿在健康、语言、社会、科学、艺术等各领域的学习方式，尊重幼儿发展的个体差异，发现每个幼儿的优势和长处，促进幼儿在原有水平上的发展。不片面追求某一领域、某一方面的学习和发展。
	B9.家园共育	32.幼儿园与家长建立平等互信关系，教师及时与家长分享幼儿的成长和进步，了解幼儿在家庭中的表现，认真倾听家长的意见建议。 33.家长有机会体验幼儿园的生活，参与幼儿园管理，引导家长理解教师工作对幼儿成长的价值，尊重教师的专业性，积极参与并支持幼儿园的工作，成为幼儿园的合作伙伴。 34.幼儿园通过家长会、家长开放日等多种途径，向家长宣传科学育儿理念和知识，为家长提供分享交流育儿经验的机会，帮助家长解决育儿困惑。 35.幼儿园与家庭、社区密切合作，积极构建协同育人机制，充分利用自然、社会和文化资源，共同创设良好的育人环境。

续表

重点内容	关键指标	考查要点
A4.环境创设	B10.空间设施	36.幼儿园规模与班额符合国家和地方相关规定,合理规划并灵活调整室内外空间布局,最大限度地满足幼儿游戏活动的需要。除综合活动室外,不追求设置专门的功能室,避免奢华浪费和形式主义。 37.各类设施设备安全、环保,符合幼儿的年龄特点,方便幼儿使用和取放,满足幼儿逐步增长的独立活动需要。提供必要的遮阳遮雨设施设备,确保特殊天气条件下幼儿必要的户外活动能正常开展。
	B11.玩具材料	38.玩具材料种类丰富,数量充足,以低结构材料为主,能够保证多名幼儿同时游戏的需要。尽可能减少幼儿使用电子设备。 39.幼儿园配备的图画书应符合幼儿年龄特点和认知水平,注重体现中华优秀传统文化和现代生活特色,富有教育意义。人均数量不少于10册,每班复本量不超过5册,并根据需要及时调整更新。幼儿园不得使用幼儿教材和境外课程,防止存在意识形态和宗教等渗透的图画书进入幼儿园。
A5.教师队伍	B12.师德师风	40.教职工有坚定的政治信仰,按照"四有"好教师标准履行幼儿园教师职业道德规范,爱岗敬业,关爱幼儿,严格自律,没有歧视、侮辱、体罚或变相体罚等有损幼儿身心健康的行为。 41.关心教职工思想状况,加强人文关怀,帮助解决教职工思想问题与实际困难,促进教职工身心健康。

续表

重点内容	关键指标	考查要点
A5.教师队伍	B13.人员配备	42.幼儿园教职工按国家和地方相关要求配备到位，并做到持证上岗，无岗位空缺和无证上岗情况。 43.幼儿园教师符合专业标准要求，保育员受过幼儿保育职业培训，保教人员熟知学前儿童身心发展规律，具有较强的保育教育实践能力。园长应具有五年以上幼儿园教师或者幼儿园管理工作经历，具有较强的专业领导力。
	B14.专业发展	44.园长能与教职工共同研究制定符合教职工自身特点的专业发展规划，提供发展空间，支持他们有计划地达成专业发展目标。 45.制定合理的教研制度并有效落实，教研工作聚焦解决保育教育实践中的困惑和问题，注重激发教师积极主动反思，提高教师实践能力，增强教师专业自信。 46.园长能深入班级了解一日活动和师幼互动过程，共同研究保育教育实践问题，形成协同学习、相互支持的良好氛围。
	B15.激励机制	47.树立正确激励导向，突出日常保育教育实践成效，克服唯课题、唯论文等倾向，注重通过表彰奖励、薪酬待遇、职称评定、岗位晋升、专业支持等多种方式，激励教师爱岗敬业、潜心育人。 48.善于倾听、理解教职工的所思所做，发现和肯定每一名教职工的闪光点和成长进步，教职工能够感受到来自园长和同事的关心与支持，有归属感和幸福感。